JUSTIN BIEBER
MANIA

Escrito por Elise Munier
Editado por Elizabeth Scoggins
Projéto gráfico de Angie Allison

Todos os direitos reservados. Nenhuma parte desta obra pode ser reproduzida ou transmitida por qualquer forma ou meio eletrônico ou mecânico, inclusive fotocópia, gravação ou sistema de armazenagem e recuperação de informação, sem a permissão escrita do editor.

Edição brasileira

Gerente editorial
Jiro Takahashi

Editora
Luciana Paixão

Editor assistente
Thiago Mlaker

Assistente editorial
Diego de Kerchove

Revisão
Maria Aiko
Rebecca Villas-Bôas Cavalcanti

Artes e produção gráfica
Thiago Sousa

Créditos imagens:

Michael Buckner/WireImage/Getty Images: Imagem de capa, p. 6;
Mike Marsland/WireImage/Getty Images: Imagem da última capa, p. 29;
Peter Wafzig/Getty Images: p. 2–3, 9, 43, 62–63;
Ian West/PA Wire/Press Association Images: p. 8;
Theo Kingma/Rex Features: p. 10, 15 (esquerda e direita);
Dominique Charriau/WireImage/Getty Images: p. 11;
Frazer Harrison/Getty Images: p. 12 (esquerda);
Chris McGrath/Getty Images: p. 12 (centro);
Matt Baron/BEI/Rex Features: p. 12 (direita);
Picture Perfect/Rex Features: p. 13 (esquerda);
Vince Flores/UK Press/Press Association Images: p. 13 (centro);

Robert Pitts/LANDOV/Press Association Images: p. 13 (direita);
Irving Shuter/Getty Images: p. 14;
Broadimage/Rex Features: p. 16;
Ian Gavan/Getty Images: p. 19, 24, 44;
Christopher Polk/VF11/Getty Images for Vanity: p. 20;
Rob Verhorst/Getty Images: p. 25;
Chris McKay/WireImage/Getty Images: p. 30;
Jason Merritt/Getty Images: p. 32–33;
Most Wanted/Rex Features: p. 35;
Scott Gries/PictureGroup/EMPICS Entertainment/ Press Association Images: p. 36 e 37;
Francois Durand/Getty Images: p. 38 (esquerda);
Stuart Wilson/Getty Images: p. 38 (direita);

Dave Hogan/Getty Images: p. 39;
Kevin Winter/Getty Images: p. 48;
Wong Maye-E/AP/Press Association Images/ Press Association Images: p. 51;
Sipa Press/Rex Features: p. 54;
Michael Tullberg/Getty Images: p. 57 (centro);
KPA/Zuma/Rex Features: p. 58;
Jack Guez/AFP/Getty Images: p. 59;
Agencia EFE/Rex Features: p. 60; ShutterStock Inc: p. 56, 57 (esquerda e direita), 58 (esquerda); imagens de fundo nas p. 4, 5, 6–7, 10–11, 12–13, 14–15, 16–17, 18, 21, 24–25, 26–27, 28–29, 30–31, 34–35, 36–37, 38–39, 40–41, 42–43, 44–45, 46–47, 48–49, 50–51, 52–53, 54–55, 56–57, 58–59, 60–61.

CIP-Brasil. Catalogação-na-fonte
Sindicato Nacional dos Editores de Livros, RJ

M933j   Munier, Elise
       Justin Bieber mania / [escrito por Elise Munier ; editado por Elizabeth Scoggins ; projeto gráfico de Angie Allison] ; tradução Mariana Fusco Varella. - 1.ed. - São Paulo : Prumo, 2011.
       62 p. : il. color. ; 28 cm

       Tradução de: Justin Bieber unleashed
       ISBN 978-85-7927-143-4

       1. Bieber, Justin, 1994-. 2. Cantores - Canadá - Biografia. I. Título.

11-4524.

CDD: 927.8164
CDU: 929:78.067.26

Direitos de edição para o Brasil: Editora Prumo Ltda.
Rua Júlio Diniz, 56 – 5º andar – São Paulo/SP – CEP: 04547-090
Tel: (11) 3729-0244 – Fax: (11) 3045-4100
E-mail: contato@editoraprumo.com.br
Site: www.editoraprumo.com.br

JUSTIN BIEBER
MANIA

Tradução
Mariana Fusco Varella

PRUMO
retratos

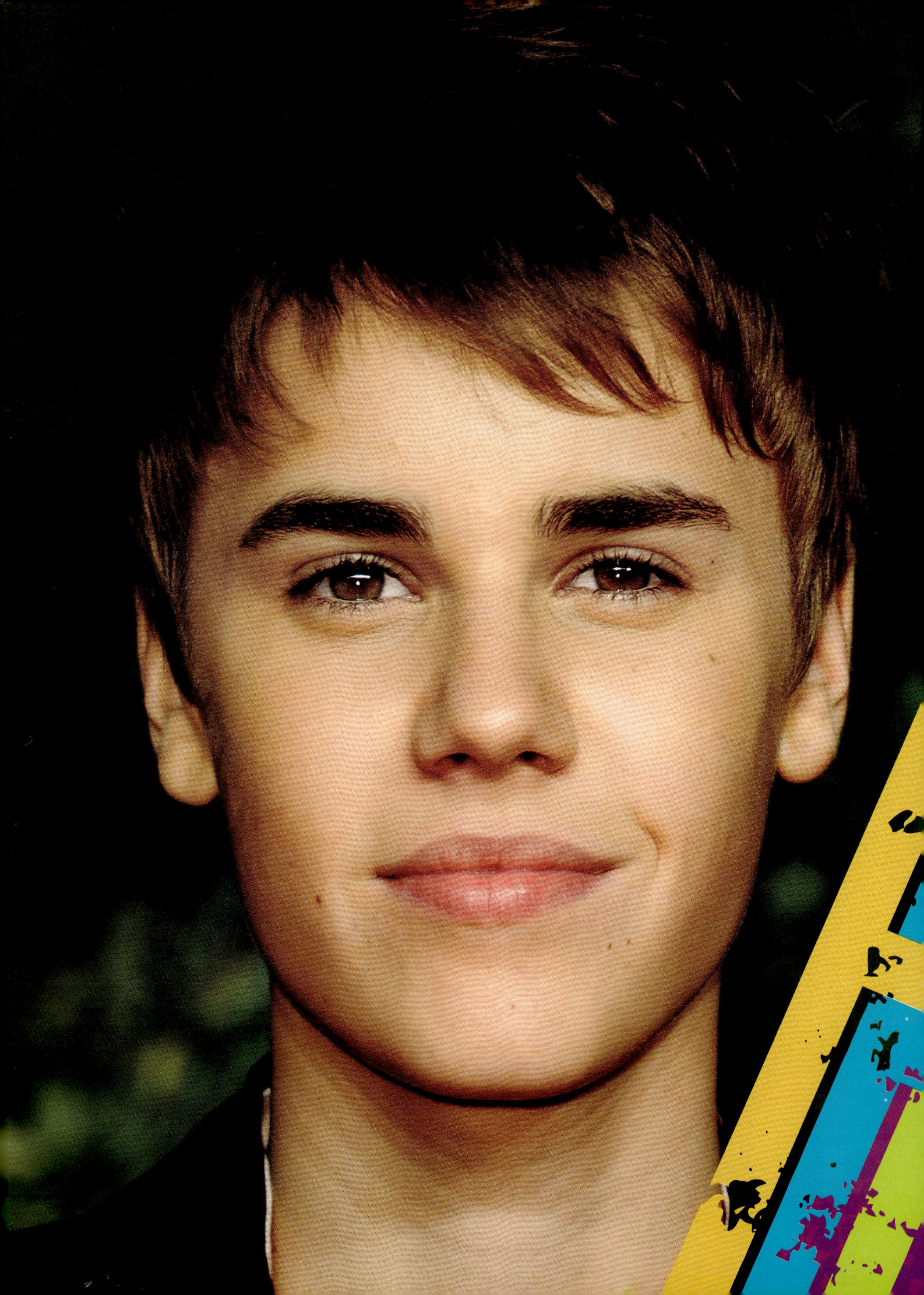

Sumário

- Bem-vindo ao mundo Bieber 8
- Tudo sobre Bieber 10
- Nunca diga... 12
- Infância 14
- E o vencedor é... 16
- Minhas palavras 18
- Amor 20
- Cabelo! 24
- Pelo mundo 26
- Louco por Justin? 28
- Um dia na vida 31
- Adivinhe quem! 34
- Os fatos 36
- Por trás da música 38
- Que tipo de fã é você? 40
- Sob os holofotes 42
- Biebs em 3D 44
- Rumo ao tapete vermelho 46
- FÃ-ntástico! 48
- Conte-me 50
- O que você preferiria? 52
- Festa de aniversário de Bieber 54
- O questionário do maior fã 56
- Nascido para ser alguém 58
- Respostas 61

BEM-VINDO AO MUNDO BIEBER

A febre de Bieber varreu o mundo, conquistando milhões de fãs maravilhosos como você. Com sua ajuda, Justin deixou de ser o palhaço da classe e passo a ser o pop star mais famoso do mundo em um piscar de olhos!

Uma estrela fugaz

Justin Bieber sempre adorou cantar, mas sua jornada ao estrelato começou quando ele tinha apenas 12 anos. Justin cantava pela casa o tempo todo, por isso decidiu participar de um concurso em que tirou o terceiro lugar.

Biebs não parou aí — também postou vídeos em que aparecia cantando no YouTube. Sete meses e 10 milhões de visitas mais tarde, Scooter Braun, diretor executivo da gravadora So So Recordings convidou Justin e sua mãe para voarem até seu escritório em Atlanta. Pouco tempo depois, em outubro de 2008, Justin assinou um contrato de gravação com a Island Records. O resto é história.

Em sua jornada de garoto de cidade pequena a estrela internacional, Justin já se apresentou em palcos de todos os lugares. Inclusive estrelou um documentário sobre sua vida — *Justin Bieber: Never Say Never* —, exibido no mundo todo. Seus discos venderam milhões de cópias aos fãs que o adoram, e os ingressos para seus shows esgotam rapidamente.

O que vai acontecer a seguir com essa superestrela? Sua vida está cada vez maior e melhor, e esse é apenas o começo para J-Biebs.

Ingresso para os bastidores

Este livro é seu ingresso VIP para descobrir o mundo maravilhoso do cantor mais quente do planeta.

Você não só vai conhecer em primeira mão os bastidores da vida anterior de Bieber, quando ninguém conhecia seu nome (nem imitava seu penteado), como vai descobrir o modo que ele leva a vida sob os holofotes, uma das maiores estrelas do mundo. Leia tudo sobre seus sucessos mais recentes.

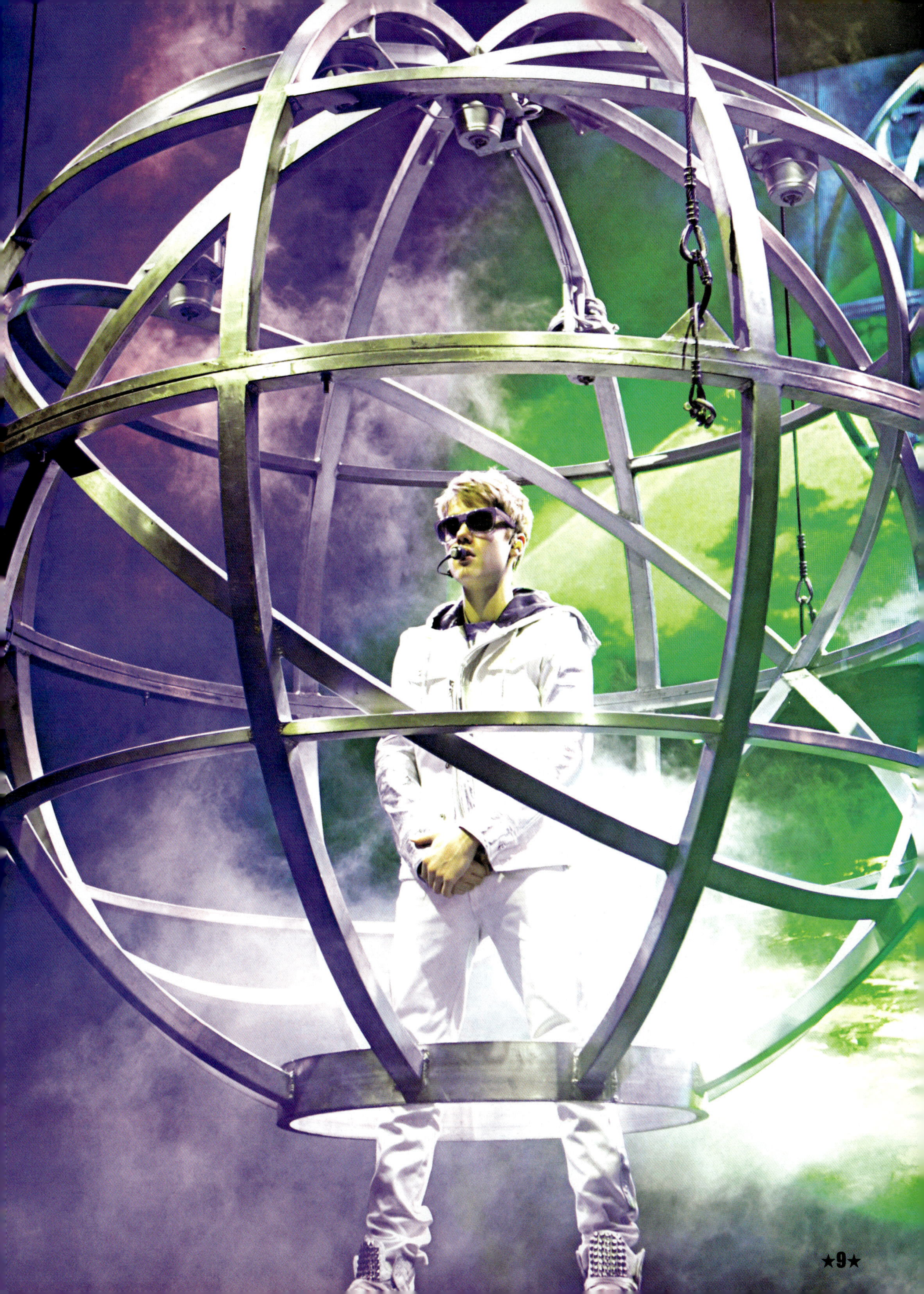

TUDO SOBRE BIEBER

Nome completo:
Justin Drew Bieber

Data de nascimento:
1º de março de 1994

Cabelo:
Castanho

Olhos:
Castanhos

Nacionalidade:
Canadense

Local onde mora:
Atlanta, Geórgia, USA

Cor preferida:
Roxo

Pratos preferidos:
Espaguete à bolonhesa, cheesecake e balas de goma "Swedish Fish", também conhecidas como "Big Foots"

Bebida preferida:
Suco de laranja

Número preferido:
6

Número de calçado:
38

Ídolo:
O ex-jogador de hóquei Wayne Gretzky

Superpoder gostaria de ter:
Voar

Esportes preferidos::
Futebol, basquete e hóquei

Profissão dos sonhos:
Arquitetura

Média de nota escolar:
10

Animais de estimação:
Um cachorro da raça *papillon* chamado Sam.

Programa de humor favorito:
A série de TV americana "Inbetweeners"

Talentos ocultos:
Consegue resolver o cubo de Rubik em um minuto

O que mais o tira do sério:
Quando as garotas tentam impressioná-lo perguntando sua cor favorita e sendo frias

Inspirações:
Seu avô e Usher

On his iPod:
Algo que seja novo e interessante, de Tupac a Tragically Hip

Vídeo musical favorito:
"Thriller" de Michael Jackson

Gosta de:
Torta de maça

Adora:
Meninas

Não gosta de:
Levantar cedo

Cafeteria favorita:
A rede canadense Tim Hortons

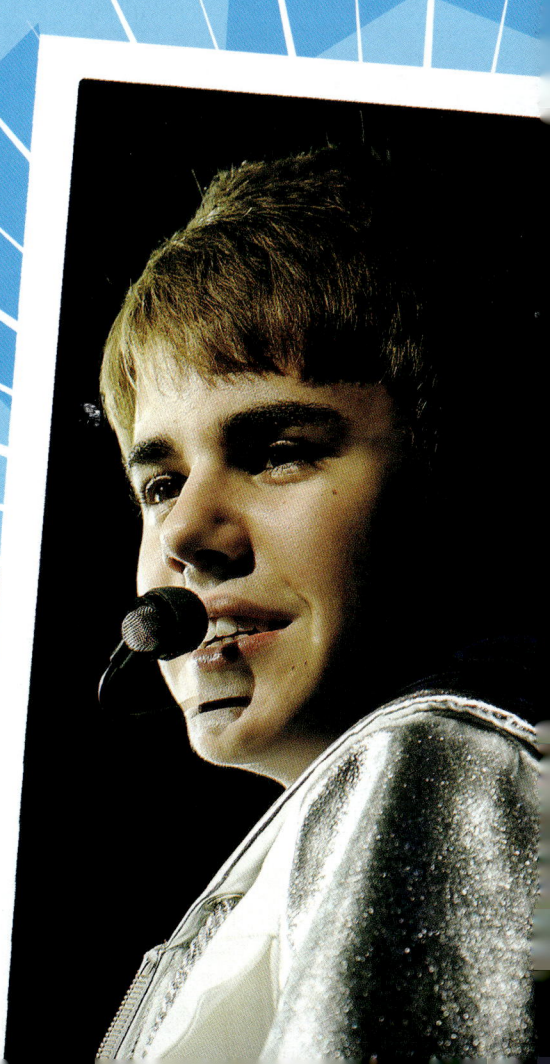

NUNCA DIGA...

Você talvez conheça cada palavra de Justin, mas saberia dizer quais *tweets* ele enviou e quem mandou os outros? (Veja as dicas nas fotos abaixo.) Confira as respostas na página 61.

1 A música é a língua universal, não importa qual o nosso país nem a cor da nossa pele. Une todo mundo.

2 Ontem à noite foi o fim do meu primeiro *tour*! Foi o máximo e devo tudo a vocês! Obrigado!!! <3

3 Por que vc dirige no estacionamento e para na rua? É uma bagunça.

4 É quase aquela hora... MOMENTO ALEATÓRIO CHUCK NORRIS # Chuck Norris não penteia o cabelo. Ele fica perfeitamente horrível no lugar.

5 Compartilhar o amor que recebemos hoje é a receita para um amanhã melhor.

6 Cheguei ao ensaio mais cedo. Ninguém mais está aqui. Então... estou no escritório da produção fazendo um colar com clipes.

7 O tema da noite é... mais é MAIS!

8 Vivendo um momento. Apenas grato por estar aqui, vivendo esta vida. Não vou perder a oportunidade. Não serei egoísta. Não vou atrapalhar o meu próprio caminho.

9 Estou muito animada com o Oscar. Hoje uma pessoa me perguntou quem é o estilista da minha roupa. Alguém sabe quem desenhou o [cobertor com mangas] Snuggie?

10 Não faço a barba há um mês, então todos vocês podem ver meu bigode... estou animado.

INFÂNCIA

Justin nem sempre viveu sob os holofotes e sobre o tapete vermelho. Descubra como era a vida de Biebs enquanto ele crescia em Stratford, Ontário. Saiba tudo sobre suas viagens de pescaria e jantares de Natal e tudo o que aconteceu no meio disso.

Bela pescaria

Justin gostava de passar um tempo com os avós quando era criança. Uma de suas melhores lembranças é a de ir pescar com eles todos os verões no Star Lake, no Canadá. Eles alugavam um barco cabinado e passavam calmamente as manhãs jogando as linhas na água. "Espero um dia ir com meus netos ao Star Lake, pegar trutas marrons e contar histórias sobre como ficaremos juntos à noite, em volta do fogo." Justin teve sorte de poder pescar com avós tão legais.

Banquete familiar

Os Natais na casa dos Biebers eram um grande evento! A família toda se reunia, incluindo os avós, netos, netos postiços, filhos e filhos postiços – todos eram convidados. Eles então se sentavam à mesa e saboreavam um jantar delicioso feito com peru e molho. "Estou dizendo", conta Bieber, "minha avó preparava uma ceia de Natal maravilhosa." Depois do jantar, distribuíam os presentes. A família jogava dados para decidir quem receberia cada embrulho, sem saber o que era. "Então a gente abria os presentes e acabava trocando", diz Justin.

Rapaz de sorte

Justin é verdadeiramente grato à família. "Minha família é assim, cada um dá o que tem", afirma ele. A estrela pé no chão sabe que não há nada como uma família normal, e fica feliz pelo fato de a sua não ser perfeita. "Eles provavelmente seriam muito chatos. Ou assustadores", brinca. Justin ama a família, e, não importa quantos problemas ela possa ter, não a trocaria por nada no mundo.

Conheça seus pais

Bieber admira os pais — especialmente a mãe, que era solteira e conseguiu trabalhar e criá-lo, tornando-o "meio brincalhão", como se autodenomina. Justin é nitidamente um homem de família, e sente-se grato por tudo que os pais lhe deram. "Meu pai não só influenciou minha vida, mas minha música", afirma. Mesmo que seu pai trabalhasse muito, Justin adorava tocar guitarra e ouvir rock clássico com ele.

Não mexa com Biebs

É meio inacreditável imaginar que alguém mexa com Bieber agora, mas, quando ele estava na escola, era baixinho — a maioria das garotas era mais alta que ele! Mas Justin se defendia dos valentões, na maioria das vezes de maneira pacífica. Uma vez ele se meteu em uma briga feia na escola. "Nunca fui muito brigão", lembra. "Preferia competir na quadra de basquete ou dar uma cortada neles usando minhas habilidades no hóquei." Ele pode preferir a paz, mas não mexa com essa superestrela! Ele afirma: "Não sou naturalmente brigão, mas, se acredito em alguma coisa, luto por ela".

Palhaço da classe

Se Justin se dava mal por algum motivo na classe, geralmente era por fazer palhaçadas. Ele andava de skate, bagunçava com os amigos ou fazia alguém rir, mas nunca teve problemas por ser malvado na escola. "Basicamente entrava em confusão por ser eu mesmo, e isso nunca me pareceu justo", conta Biebs.

E O VENCEDOR É...

Justin pode ter apenas dezessete anos, mas já foi indicado e recebeu vários prêmios importantes da música. Ele perdeu alguns e ganhou outros, mas sem dúvida há muito mais prêmios a caminho em seu futuro brilhante. Descubra as premiações que Justin levou e quais ele não ganhou.

Stratford Idol

Em setembro de 2007, Justin participou da competição regional de talentos em sua cidade, Stratford, em Ontário. Ele tinha apenas doze anos e nunca havia treinado a voz com um técnico, como a maioria de seus companheiros competidores. Ainda assim Justin ganhou o terceiro lugar! "Achei que ia ser um prêmio divertido", admitiu, "mas fiquei mais a fim de encarar as pessoas e fazer música só para ver como era." Ele confessa que foi meio chato perder na época, mas fica feliz pela maneira como as coisas aconteceram.

Gaga no Grammies

Em janeiro de 2010, Justin apresentou um prêmio no 52º Annual Grammy Awards — juntamente com sua companheira, a nova artista Ke$ha. Mas no Grammy Awards de 2011, Justin foi indicado não só a um prêmio importante, mas a dois! Ele disse: "Sempre quis ganhar um Grammy".

Justin foi indicado ao prêmio de Melhor Artista Revelação e ao Melhor Disco de Música Pop de artista solo, ao lado de outras superestrelas como Lady Gaga e Katy Perry. Infelizmente, Bieber perdeu para Lady Gaga na categoria Melhor Disco Pop e para Esperanza Spalding na categoria Melhor Artista Revelação.

Embora Biebs não tenha levado nenhum troféu dessa vez, Esperanza Spalding afirmou: "Ele [Justin] foi muito gentil; nos conhecemos logo depois do show e fizemos carinho no cabelo um do outro. Ele foi muito doce e educado e não pareceu chateado. Um rapaz muito legal."

The Junos

Um dos prêmios mais importantes do cenário musical do Canadá é o Junos. Em 2010, Justin foi indicado ao prêmio de Melhor Artista do Ano, mas perdeu para o cantor de *hip-hop* Drake. Mas Justin não ia desistir tão facilmente!

Em 2011, foi indicado a quatro prêmios Juno e levou para casa o prêmio de melhor Disco Pop do Ano por *My World 2.0* e o prêmio de Escolha do Fã — a única categoria com votação do público.

MuchMusic Awards

Outro prêmio importante do cenário musical canadense é o MuchMusic Awards, apresentado por Miley Cyrus em 2010. De quatro indicações, Justin levou o prêmio de Novo Artista Preferido e Vídeo Canadense Preferido. Mas duas de suas músicas concorriam na categoria Vídeo Internacional do Ano Realizado por um Canadense, então Justin bateu a si próprio quando ganhou por "One Time". Não dá para ganhar todas!

Tudo o que brilha...

Justin é grato por seu sucesso e adora ser indicado a prêmios, mas sabe que indicações e prêmios não são tudo. "Usher sempre me lembra de que haverá um monte de prêmios durante minha carreira", conta. "É uma honra ser indicado e maravilhoso ganhar, mas não posso perder de vista as verdadeiras honras e vitórias que acontecem longe das câmeras."

MINHAS PALAVRAS

Prepare-se para fazer uma séria busca! Você deve encontrar as dez palavras relacionadas a Justin e seu mundo de superastro escondidas no quadro abaixo. Elas podem aparecer horizontalmente, em sentido inverso, verticalmente (para cima ou para baixo) e até na diagonal. Confira as respostas na página 61.

```
        G O S O S B F G J Y U D P
Z Y     G O S O S B F G J Y U D P
E M C F E T E E M J É S S B L
    C I Q Y R L L Q L J M Y F
U M C I Q Y R L L Q L J M Y F
S A G Y O S T A P E O X I B H
  A G Y O S T A P E O X I B H
    R P N E J J E T Y N E L A C
  A R P N E J J E T Y N E L A C
T G C D Z N H L G F G A E B O
H É R E T T I W T A O I N J O
Z C G F É H O Q B L Z R P C W
Q S D Z O I O H S L P R D I Q
L Q H V B N N O X C A Z J W V
    D O P Z X P H N N Y O K I H Y
    D O P Z X P H N N Y O K I H Y
F B W B Q Q T U F P B O R W D
Z H Z J R E L L I R H T T É M
I U T L Q I W F F F O H T E M
Q T L J C G P H M Q Y X U O R
```

BABY	BEYONCÉ	GRAMMY	PRAY	SCOOTER
SELENA	STRATFORD	THRILLER	TWITTER	U SMILE

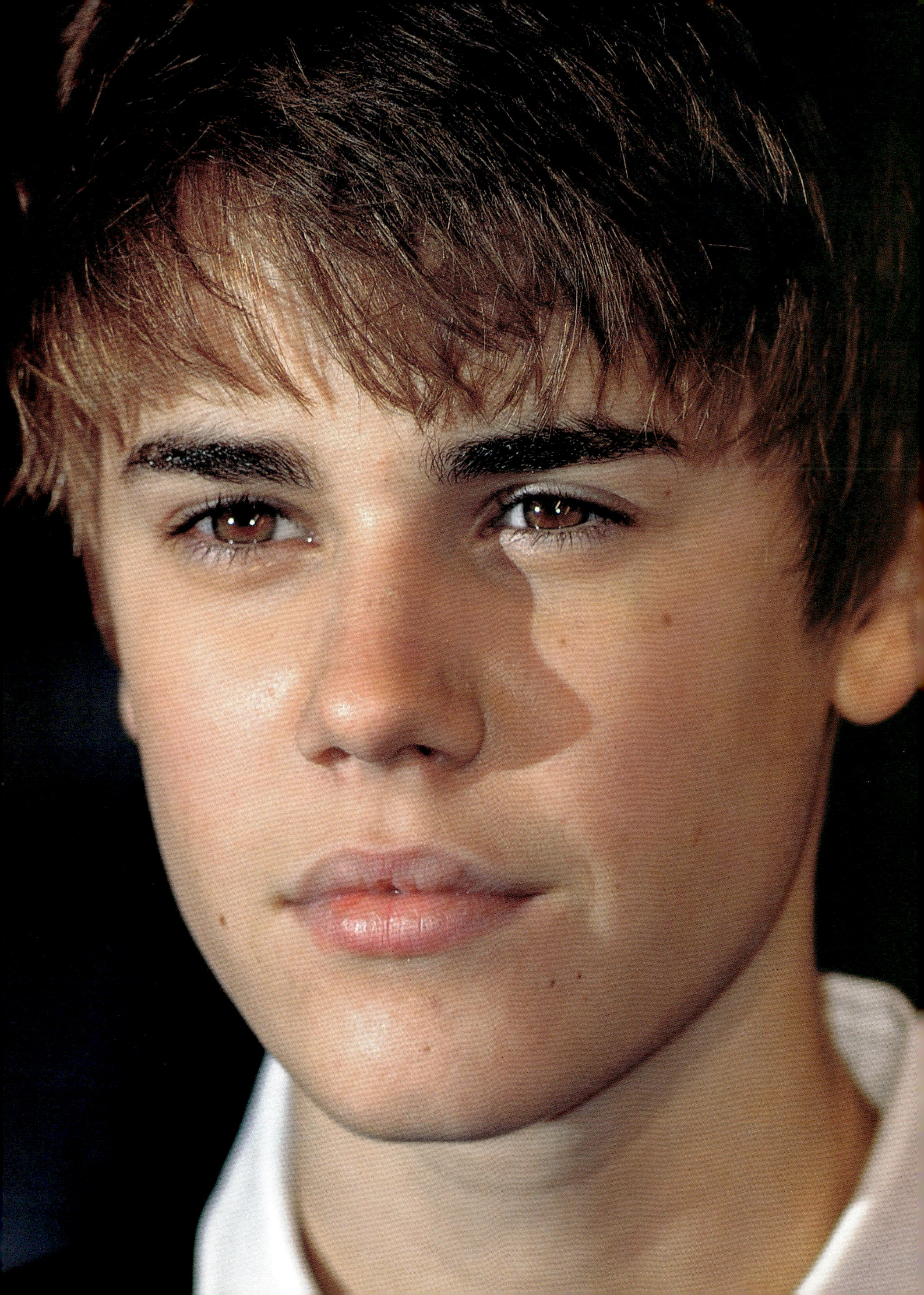

AMOR

O sorriso fofo de Justin e suas músicas melosas chegam direto ao coração dos fãs. Mas o que Justin pensa do amor? Chegue mais perto e conheça a vida pessoal de Biebs e tudo o que vai em seu coração.

Queridinho das garotas

"Eu realmente gosto de garotas... garotas... garotas... garotas... garotas... garotas... garotas...", sorri Justin. Ele é claramente fã das garotas, mas que tipo de menina procura? No que se refere à aparência, confessa que belos olhos e um sorriso bonito lhe fazem a cabeça. Mas isso não é o mais importante para ele. Com seu estilo de vida maluco de super-astro, Biebs precisa conseguir, às vezes, viver como um rapaz comum de 17 anos, então sua escolhida precisa ser pé no chão. Justin também é famoso por ser brincalhão, por isso ela deve ter um ótimo senso de humor e saber fazê-lo rir.

O coração dele não balança diante de uma garota que se maquia exageradamente para tentar impressioná-lo. Para ele, o importante é deixar a beleza natural aflorar. E melhor, você não precisa ser famosa para conquistar seu coração. "Eu sem dúvida namoraria uma fã", afirma com um sorriso. "Depende das circunstâncias, mas não excluo ninguém."

Ele ama suas fãs maravilhosas

O exército de fãs devotas de Justin ao redor do mundo faz parte das pessoas mais importantes de sua vida. Cada uma de suas fãs é especial para ele, e Justin gosta de se apresentar de um jeito que consiga se conectar a elas. "Um dos meus momentos preferidos é quando desço do palco, olho direto em seus belos olhos e digo: 'Se precisar de mim, percorrerei milhares de quilômetros para chegar até você...'", diz. Em 2011, decidiu tornar cada uma das fãs sua namorada no dia 14 de fevereiro, data em que se comemora o Dia dos Namorados nos Estados Unidos e no Canadá. Uau, que galã!

Rapaz dos sonhos

Se Justin escolher você para sair com ele, certamente haverá uma garota solitária a menos no mundo. Justin diz que seu encontro ideal seria sair para jantar, conversar e conhecer bem a garota. "Odeio ir a um encontro em que os dois ficam tentando descobrir o que dizer", afirma. "Você sabe que está dando certo quando consegue relaxar — ouvir música, assistir a um filme, o que for — sem se sentir pressionado a forçar uma conversa. Deve ser algo natural."

Depois do sucesso do primeiro encontro, pode apostar que ele será um namorado maravilhoso. Na festa do Oscar oferecido pela revista Vanity Fair em 2011, Justin foi ao tapete vermelho com a estrela da Disney Selena Gomez. Ela estava linda de vestido longo vermelho, e Justin foi muito amável ao garantir que sua roupa combinasse perfeitamente com a de seu par. Ele ficou muito charmoso vestindo um smoking com um lenço vermelho e brilhante saindo do bolso.

Então ele presta atenção aos detalhes, mas e quanto ao romance à moda antiga? Dizem que Justin está tão apaixonada por Selena que mandou vários buquês de flores para encher sua casa quando estava viajando em turnê. Uau!

Coração jovem

Justin diz que adora namorar e sair com garotas, mas que ainda não está de jeito nenhum pronto para um relacionamento mais estável. "Acho que o amor é um processo de aprendizado que dura a vida toda", supõe. "E ainda estou aprendendo. Ainda estou tentando entender as garotas!"

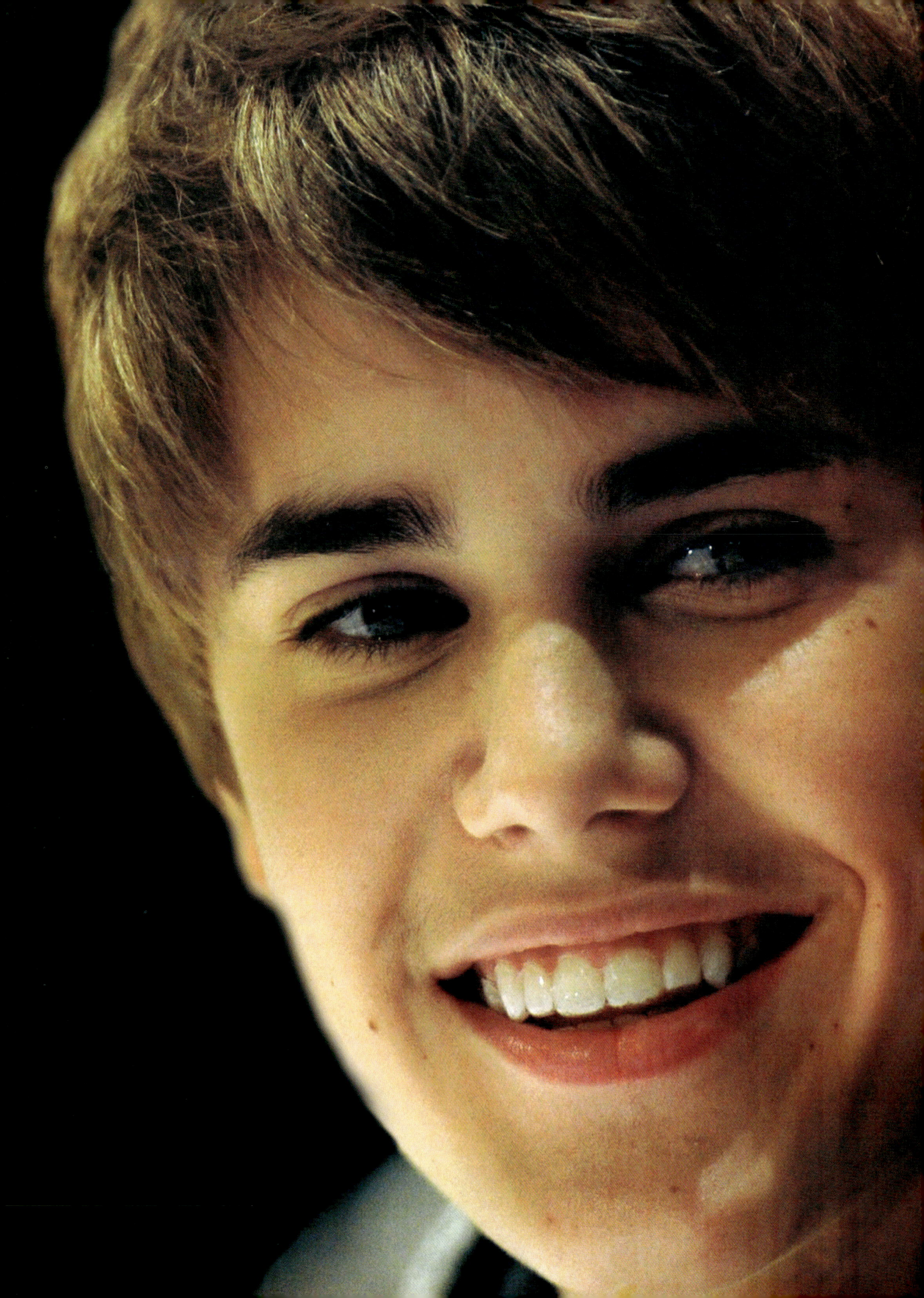

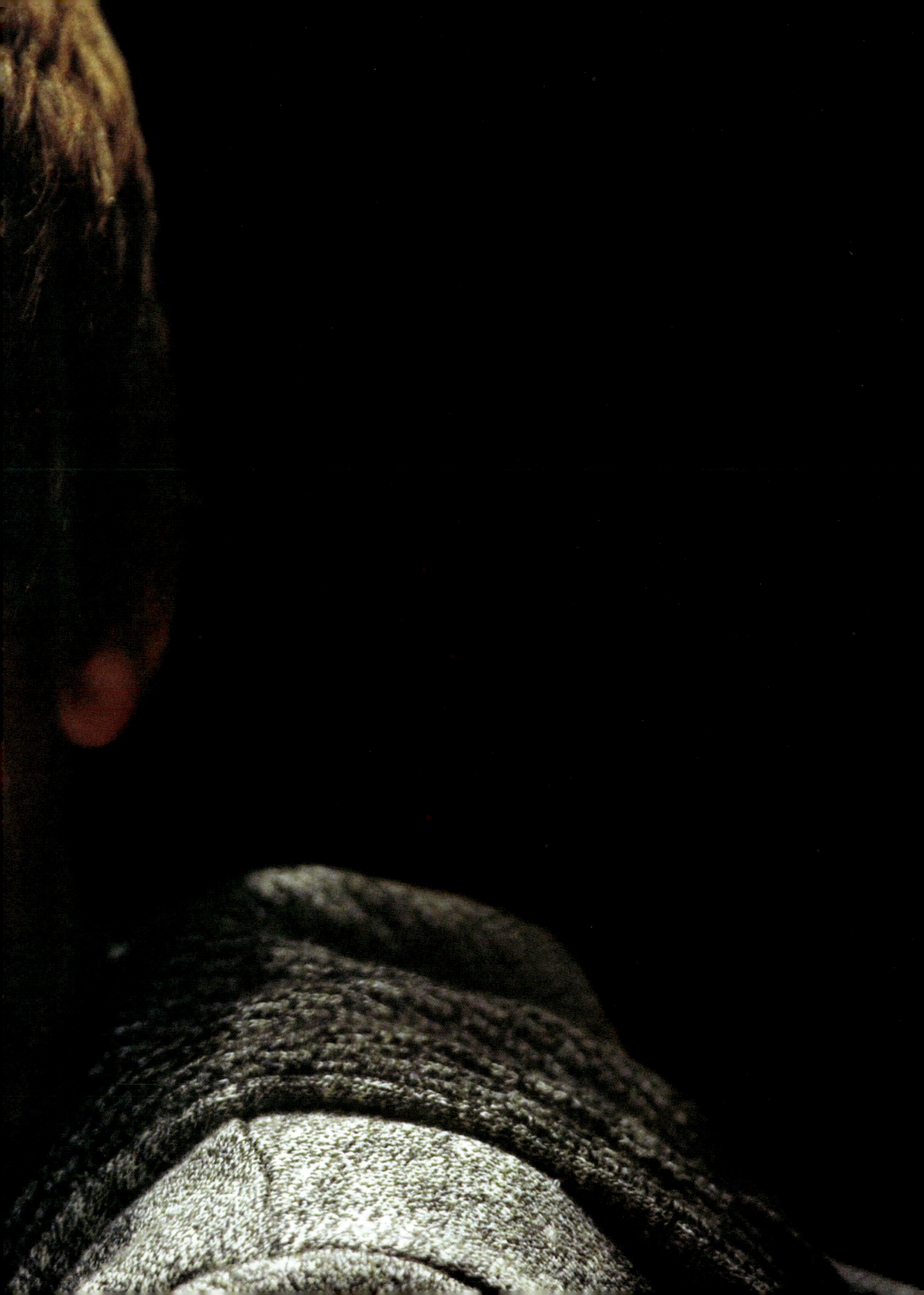

CABELO!

Este é o *look* que grudou na cabeça de todo mundo como um *spray* de cabelo ultrapotente — o penteado de Justin Bieber. Leia o texto abaixo para descobrir tudo sobre essas mechas sedutoras.

Viradinha fantástica

Não foi apenas o penteado original de Justin que atraiu a atenção das fãs. Ele também tem uma adorável marca registrada: sua "viradinha". Mas por que ele faz isso? Justin admite que tira a franja brilhante do rosto chacoalhando a cabeça porque seu cabelo sai do lugar. Isso também deve ajudá-lo a enxergar com todo aquele cabelo!

Mais que um simples corte de cabelo

Também conhecido como Twitch, Flip, Switch ou *Flow*, o visual de Bieber tornou-se o penteado masculino mais *sexy*. Mas certamente ele leva horas para arrumar o cabelo para que ele esteja sempre tão perfeito, certo? Biebs confessa: "Depois do banho, seco meu cabelo e dou uma chacoalhada e ele fica assim". Isso é que é arrepiar os cabelos!

O mesmo Look

A marca registrada de Bieber, as mechas jogadas para a frente, funciona como um ímã para atrair garotas. O corte deve ser mesmo mágico, pois alguns garotos pagaram mais de 280 reais para conseguir o visual de Bieber.

Aparando as madeixas

No início de 2011, Justin contou na MTV que estava pensando em cortar o cabelo um pouco mais curto depois da estreia do filme, *Never Say Never*. Mas ninguém podia prever a histeria coletiva que o fim da marca registrada do cantor causaria. A cabeleireira de Bieber, Vanessa Price, chama o corte de "Justin Bieber 2011", mas alguns fãs não aceitaram bem o novo *look* do cantor. Cerca de 80 mil fãs ficaram tão bravos que pararam de segui-lo no Twitter!

Logo depois que cortou o cabelo, Justin enviou um tuíte sobre o assunto: "Sim, é verdade... cortei um pouco o cabelo... gostei... e estamos doando o cabelo para CARIDADE, para ser leiloado. Detalhes logo mais..." O adorável cantor deu uma mecha do venerado cabelo de presente à apresentadora de TV Ellen DeGeneres, que a leiloou por mais de 65.400 reais após 98 lances. Todo o dinheiro irá para a fundação The Gentle Barn, que resgata animais maltratados.

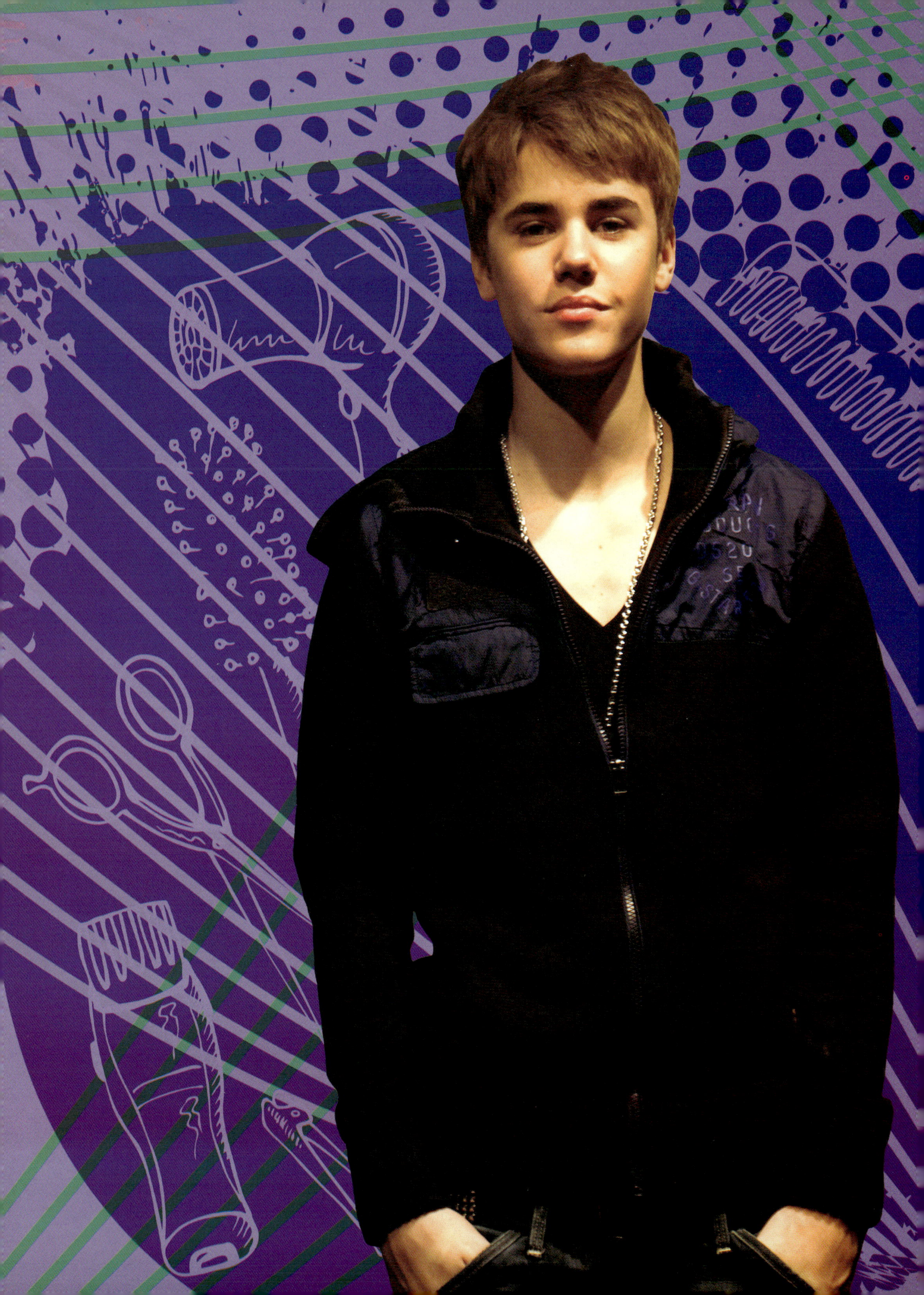

PELO MUNDO

Toronto, Canadá
Em fevereiro de 2011, Justin estreou o filme *Never Say Never* em sua terra natal – JB deu uma entrevista coletiva à imprensa e convidou um grupo de fãs para assistir a ela. "Qual o sentido [de tudo isso] se meus fãs não estivessem aqui, certo?", perguntou, amavelmente.

Los Angeles, California, USA
Justin tirou uma folga da turnê para participar do jogo de celebridades NBA All-Star Celebrity. Apesar de perder por 54-49, ganhou o título de jogador mais importante – provando que é um sucesso no palco e nas quadras de basquete.

Miami, Florida, USA
Cada belieber que fizer uma doação para ajudar o Japão, país assolado por um terremoto seguido de *tsunami*, vai poder posar para fotos com mechas verdadeiras do cabelo de Justin. As madeixas, dispostas na pista de boliche, vieram do corte de cabelo que ele fez em fevereiro – o cabelo é guardado por seguranças!

Nova York, Nova York, EUA
Em agosto de 2010, JB subiu ao palco do mundialmente famoso Madison Square Garden – os ingressos do show foram totalmente vendidos em apenas 22 minutos e sua apresentação foi usada nas maravilhosas cenas finais de *Never Say Never*.

Sabe tudo sobre Bieber? Veja se o conhece dos pés à cabeça fazendo este passeio de A a Z pelo mundo. Justin já deu a volta ao planeta – do Japão à Austrália, passando pela Alemanha e Estados Unidos. Sua turnê My World – a primeira encabeçada por ele – passou por 85 cidades dos Estados Unidos e Canadá, onde ele se apresentou para quase 2 milhões de fãs. Selecionamos aqui algumas das cidades que ele já visitou e alguns fatos ocorridos quando ele estava na estrada.

Liverpool, Reino Unido
Em março de 2011, os fãs que aguardavam para ver Biebs fizeram tanto barulho do lado de fora do seu hotel que 50 policiais tiveram de segurá-los. Justin inclusive precisou pedir em seu Twitter que eles fizessem silêncio para ele poder dormir.

Manchester, Reino Unido
Justin não resistiu e bancou o irmão mais velho e brincalhão de Willow Smith quando ela se juntou a ele em sua turnê pelo Reino Unido – durante a apresentação da música "I Whip My Hair", em março, a pequena Willow se surpreendeu quando JB e o irmão mais velho da garota, Jaden, pularam no palco e começaram a dançar com ela. Ela não se deixou abater e os apresentou como seus dançarinos.

Paris, França
Em fevereiro de 2011, a polícia teve de fechar uma loja quando uma multidão de fãs cercou Biebs em uma coletiva que incluía a imprensa e convidados.

Kuala Lumpur, Malásia
Os fãs estavam tão animados com o show de Justin marcados para maio de 2011 que organizaram um *flashmob* que incluiu danças incríveis ao som de uma seleção de sucessos de Biebs.

Tóquio, Japão
Apesar das preocupações quanto à segurança após o terrível terremoto seguido de *tsunami* no começo do ano no Japão, Justin manteve o compromisso de encerrar sua turnê no país. Em maio de 2011, terminou a turnê com um show espetacular na capital japonesa.

Sidney, Austrália
Em um show na cidade em maio de 2011, algumas pessoas jogaram ovos no palco que por sorte não acertaram Biebs. No dia seguinte, Justin ficou sem graça ao interromper a decolagem ao caminhar pela aeronave. JB pediu desculpas aos tripulantes e apertou os cintos.

LOUCO POR JUSTIN?

Justin é o perfeito príncipe da música pop — você é seu fã número um, mas o que diria a ele?

Preencha as linhas abaixo seguindo as instruções ou use uma das alternativas entre parênteses.

Sou louco por Justin Bieber! Ele é o _____ cantor do mundo. Acho que ele é legal por causa do jeito com que _____ (ajuda os outros, canta e dança, faz piadas) e do seu _____ (chapéu, sapato, moletom com capuz) roxo. _____ (sua cor preferida) é minha cor preferida.

O mais legal de Justin é seu/sua _____, e adoro seu/sua _____ (música, sorriso, jeito de dançar) encantador(a). Ninguém canta como Bieber!

Sua melhor música é _____ (sua música preferida), e meu vídeo preferido é _____ (seu vídeo preferido).

Se eu o encontrasse, diria a ele que sou seu fã número um porque conheço _____ (número) músicas dele de cor e acho-o o melhor. Adoraria comer _____ (seu prato predileto) no meu restaurante preferido, e depois poderíamos ir à/ao _____ (lugar que gosta de ir) juntos.

Justin é meu ídolo porque _____.

Um dia, espero ter a oportunidade de conhecê-lo. Justin, eu _____ (verbo) você!

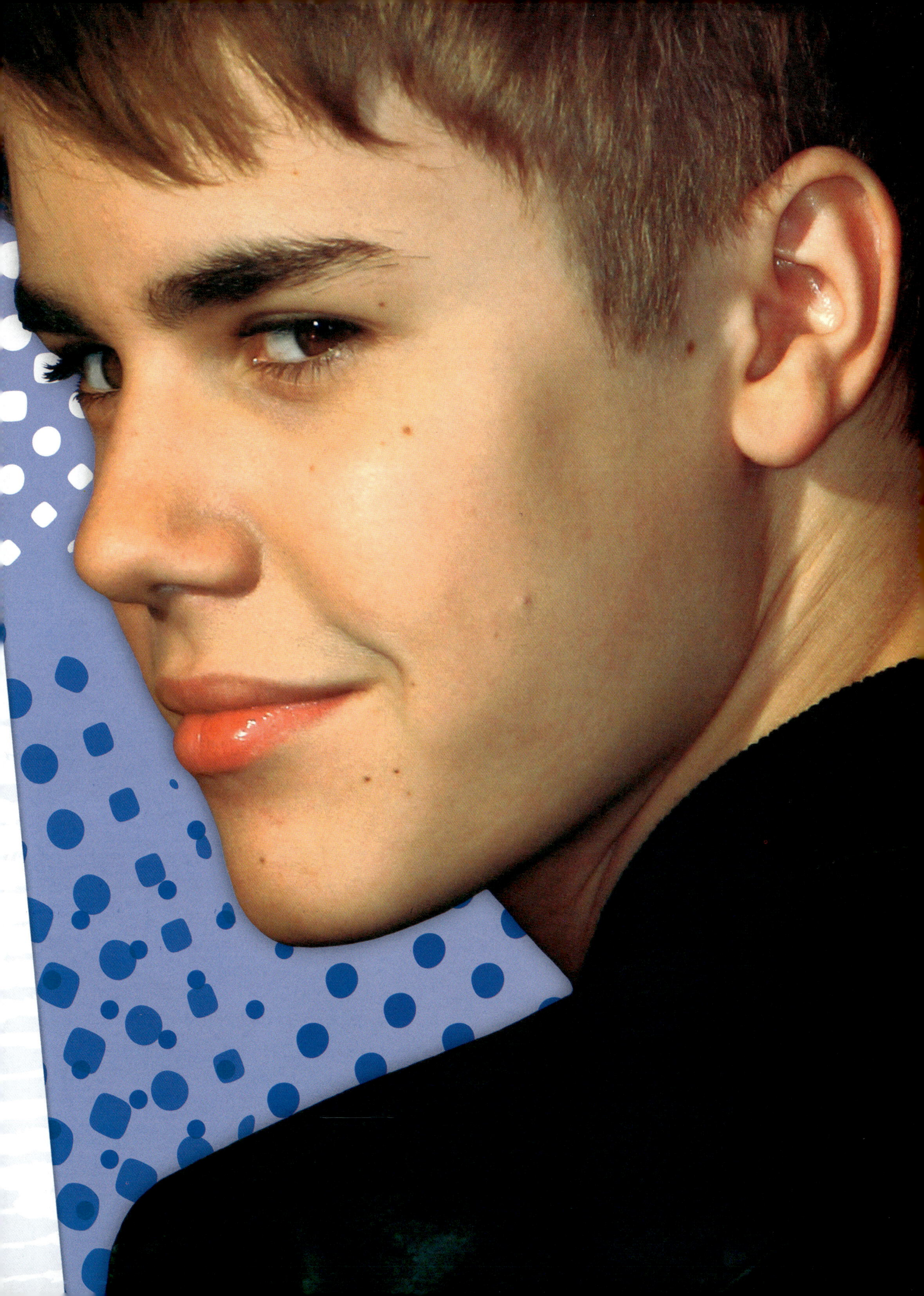

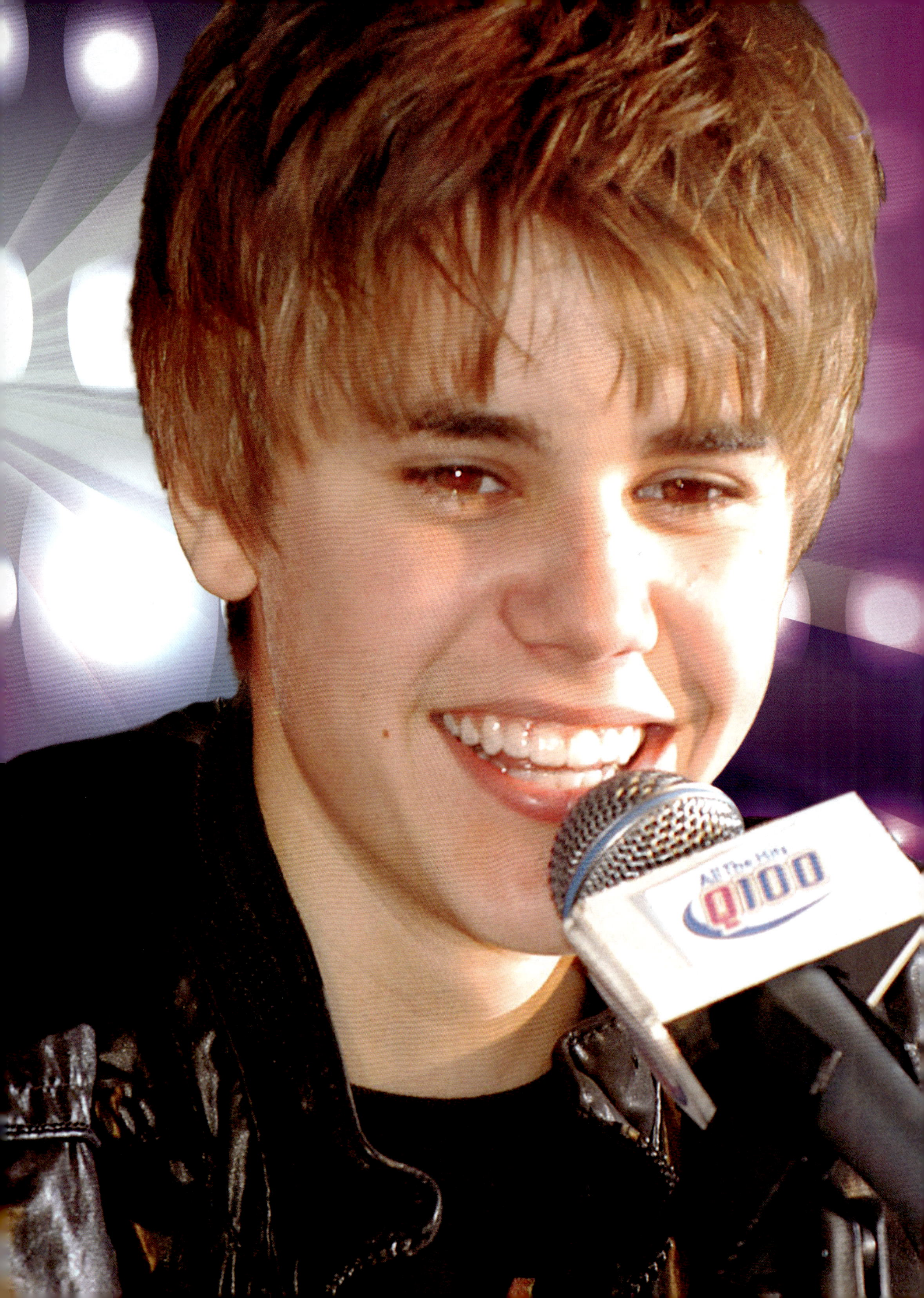
All The Hits
Q100

UM DIA NA VIDA

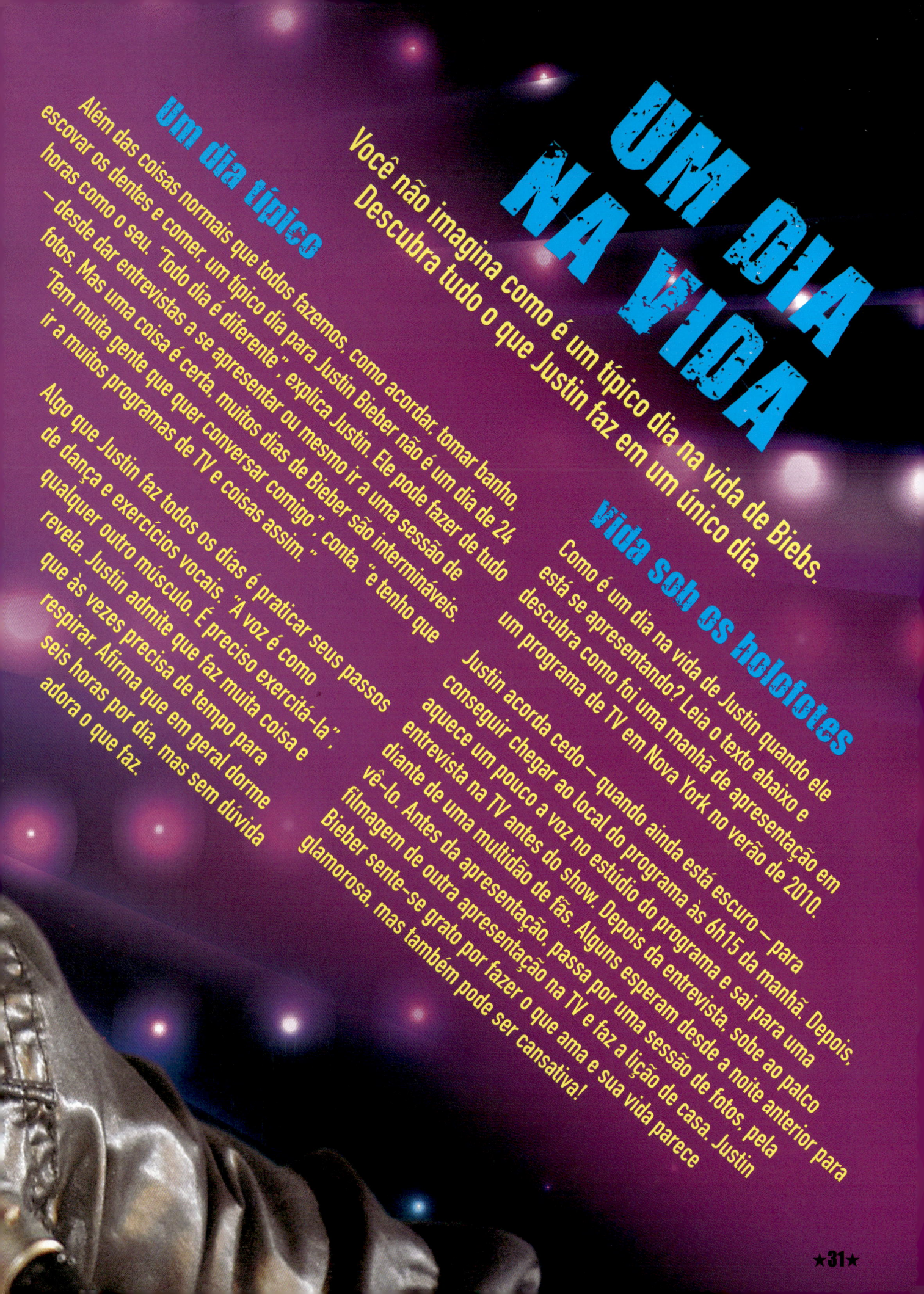

Você não imagina como é um típico dia na vida de Biebs. Descubra tudo o que Justin faz em um único dia.

Um dia típico

Além das coisas normais que todos fazemos, como acordar, tomar banho, escovar os dentes e comer, um típico dia para Justin Bieber não é um dia de 24 horas como o seu. "Todo dia é diferente", explica Justin. Ele pode fazer de tudo – desde dar entrevistas a se apresentar ou mesmo ir a uma sessão de fotos. Mas uma coisa é certa, muitos dias de Bieber são intermináveis. "Tem muita gente que quer conversar comigo", conta. "e tenho que ir a muitos programas de TV e coisas assim."

Algo que Justin faz todos os dias é praticar seus passos de dança e exercícios vocais. "A voz é como qualquer outro músculo. É preciso exercitá-la", revela. Justin admite que faz muita coisa e que às vezes precisa de tempo para respirar. Afirma que em geral dorme seis horas por dia, mas sem dúvida adora o que faz.

Vida sob os holofotes

Como é um dia na vida de Justin quando ele está se apresentando? Leia o texto abaixo e descubra como foi uma manhã de apresentação em um programa de TV em Nova York no verão de 2010.

Justin acorda cedo – quando ainda está escuro – para conseguir chegar ao local do programa às 6h15 da manhã. Depois, aquece um pouco a voz no estúdio do programa e sai para uma entrevista na TV antes do show. Depois da entrevista, sobe ao palco diante de uma multidão de fãs. Alguns esperam desde a noite anterior para vê-lo. Antes da apresentação, passa por uma sessão de fotos, pela filmagem de outra apresentação na TV e faz a lição de casa. Justin Bieber sente-se grato por fazer o que ama e sua vida parece glamorosa, mas também pode ser cansativa!

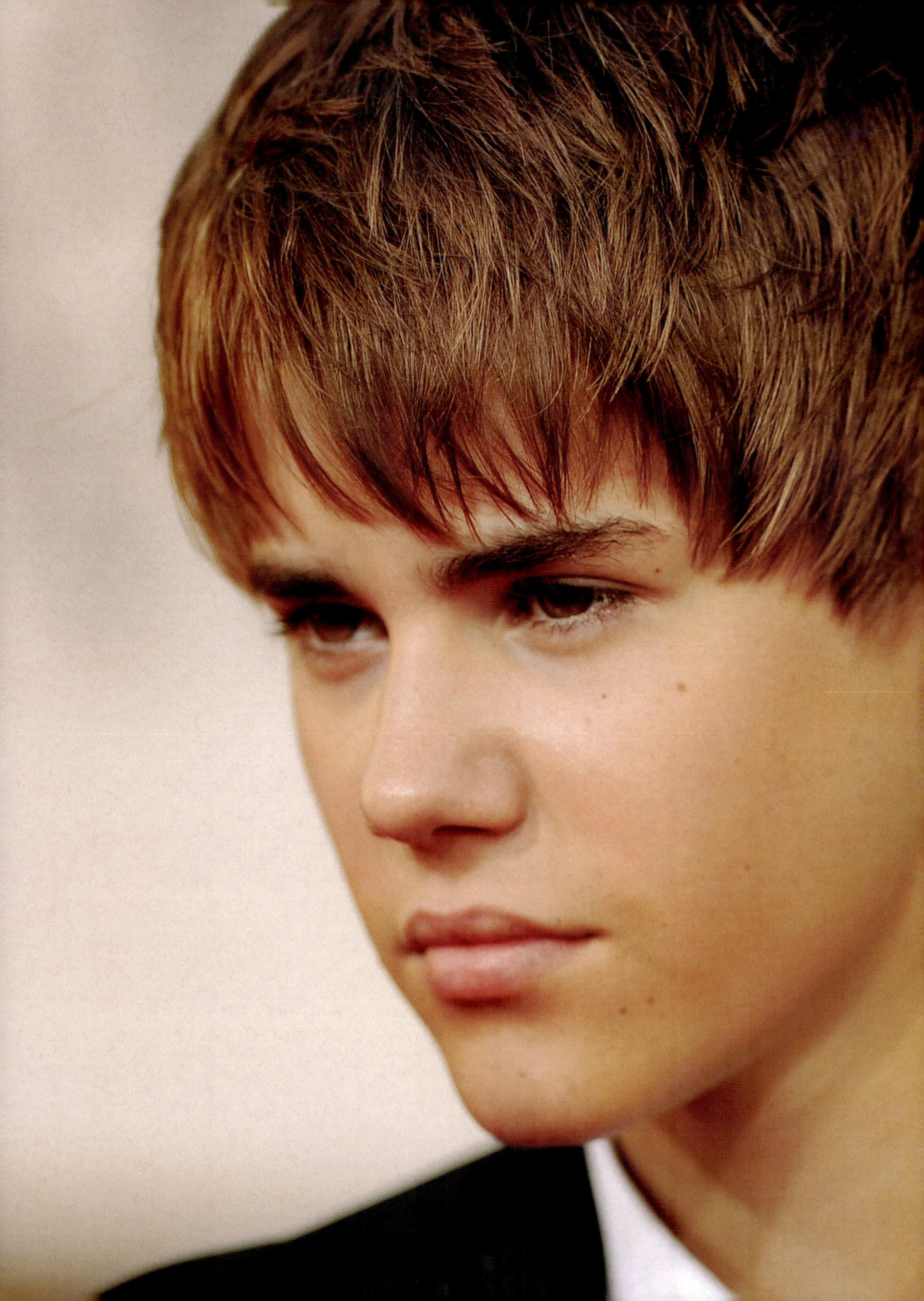

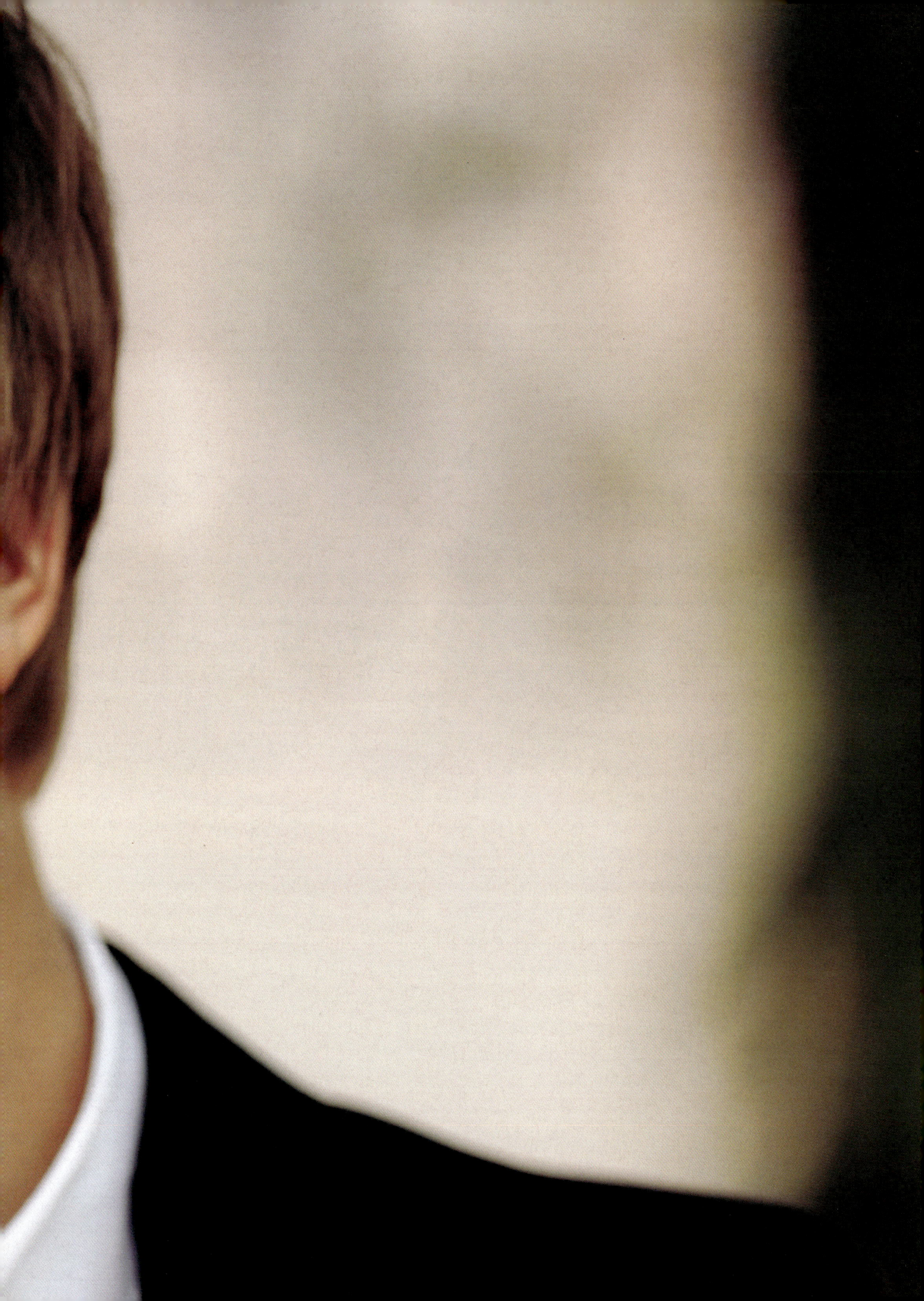

ADIVINHE QUEM!

Verdadeiro ou falso? Veja se consegue descobrir!

Todos sabem que Justin tem um coração de ouro e que já fez obras de caridade incríveis. Leia o texto abaixo e veja se consegue decifrar quais gestos de bondade foram praticados por Biebs e quais não foram. Depois confira as respostas na página 61.

1. Para o aniversário de Justin, ele pediu aos fãs que arrecadassem 8 mil reais para cavar poços e levar água potável a quem não tem acesso.

2. Justin leiloou roupas espaciais para a caridade.

3. Em agosto de 2010, Justin arrecadou mais de 52.200 reais ao doar 1,7 real de cada ingresso vendido para seu show em Nashville, Tennessee, EUA.

4. ustin autografou um osso de cachorro de madeira para ser leiloado e arrecadar dinheiro para a Mississippi Animal Rescue League (Liga de Resgate de Animais do Mississippi).

5. Durante sua carreira, Justin ajudou a formar a campanha ONE — uma organização que ajuda pessoas com aids e aqueles que vivem em situação de pobreza.

6. Justin se apresentou e atendeu ao telefone no Telethon de 2010 para levantar fundos para as vítimas do terremoto no Haiti, juntamente com outros superastros como Mary J. Blige e Akon..

7. Justin doou uma cópia do seu livro escrita a mão para ajudar a arrecadar dinheiro para a Book Aid International (associação de incentivo à leitura) — uma entidade que divide livros com quem não pode comprá-los.

8. Em 2010, Justin se apresentou na beira do leito de pacientes de um hospital em Nova York. "É isso que de fato importa", comentou sobre a visita.

9. Justin ajudou a arrecadar dinheiro para uma entidade chamada Pencils of Promise, que ajuda crianças do mundo todo a terem acesso à educação.

10. Recentemente, Justin decorou uma sacola de ioga par a ser leiloada em benefício das portadoras de câncer de mama.

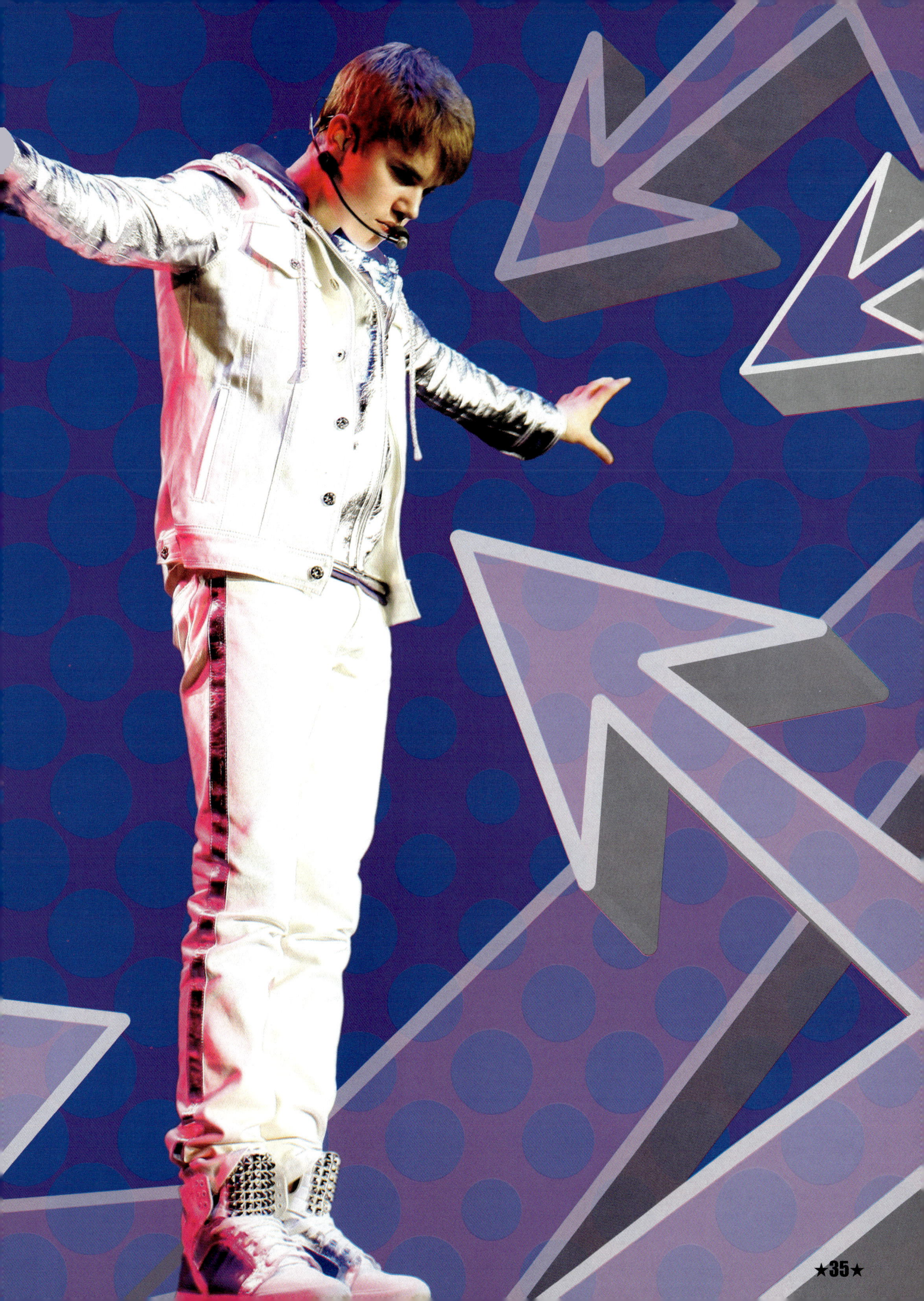

OS FATOS

Se você quer ser um verdadeiro belieber, precisa conhecer os fatos! Saiba tudo sobre Justin, do que ele ama ao nome dos seus melhores amigos e muito mais.

Você sabia?

JB adora ir ao cinema e jogar vídeogame.

Quoi? Você disse que Justin é bilíngue? Ele fala inglês e francês!

Seu hábito menos saudável é comer muita bala.

Ele fez seu primeiro lançamento em um jogo de beisebol em 2010, durante um jogo nos Estados Unidos.

Os melhores amigos de Justin se chamam Christian e Ryan.

Em fevereiro de 2010, espalharam um boato falso de que ele tinha morrido!

Bieber aprendeu a tocar violão, piano, trompete e bateria sozinho.

Justin tem um meio-irmão e uma meia-irmã mais novos que se chamam Jaxon e Jazmyn.

Biebs gosta de desenhar.

Uma de suas ambições é se apresentar em um dueto com a estrela da música Beyoncé.

Justin prefere pão branco ao preto.

Seu super-herói predileto é o Super-Homem.

Ele odeia quando as garotas usam botas Ugg.

★36★

Ele não fica nervoso quando se apresenta a milhares de pessoas.

Justin é bastante destemido, inclusive saltou de uma ponte de *bungee jump* na Nova Zelândia.

Biebes não usa carteira e costuma enfiar tudo nos bolsos.

Justin adora secretamente o filme "Diário de uma paixão".

O que ele mais gosta de comer no café da manhã é o cereal Cap'n Crunch.

Seus hobbies incluem praticar esportes, andar de *skate* e dançar *break*.

Justin Timberlake ofereceu-se para contratar Bieber, mas Usher ganhou o coração de Justin no final.

Ele adora golfe.

Justin sabe contar até dez em alemão.

Justin tem um pássaro voando tatuado no quadril. É uma tradição na família; seu pai também tem a mesma tatuagem.

Biebs é canhoto.

Quando Justin nasceu, a música "The Power of Love", de Celine Dion, estava em primeiro lugar na lista das mais tocadas da Billboard.

A mãe de Justin o acompanha nas viagens de turnê.

Justin não sabe o hino americano de cor, mas sabe cantar o canadense em duas línguas!

O nome da técnica de voz de Justin é Jan Smith, mas ele às vezes a chama de Mama Jan (Mamãe Jan).

O time de hóquei predileto de JB é o Toronto Maple Leafs, da Liga Canadense de Hóquei.

JB beijou pela primeira vez aos 13 anos.

Seu programa de TV preferido é "Smallville" e seu filme predileto é "Rocky IV".

JB tem as duas orelhas furadas.

POR TRÁS DA MÚSICA

Você sabe todas as letras das músicas de Justin Bieber de cor. Sabe como ninguém os passos de dança de cada vídeo dele. Mas conhece a história por trás das músicas? Descubra a história dos bastidores.

One Time

No vídeo da música de sucesso "One Time", Justin deu uma grande festa na casa de Usher. Ele mandou seu melhor amigo, Ryan, pegar um avião e voar até Atlanta para participar do vídeo, e Usher ajudou-o com a produção. Todos se divertiram ao fazer o vídeo, e planejaram difundi-lo poucas semanas depois que a música fosse lançada. Mas não foi isso que aconteceu!

De alguma maneira, o vídeo foi postado no iTunes duas semanas antes da data planejada! Scooter, empresário de Justin (foto abaixo), ficou muito bravo no início porque a música tinha sido divulgada antes e ninguém sabia como isso tinha acontecido. Assim, Justin postou as novidades no Facebook e no Twitter.

Alguns dias depois, "One Time" era a terceira música mais ouvida na lista do iTunes.

Down to Earth

Justin escreveu a música "Down to Earth" para seu primeiro álbum, *My World*. Ele estava muito animado com a canção, que se tornou a favorita da maioria dos fãs. Justin gosta da música porque as pessoas podem se sentir ligadas à letra: "No one has a solid answer. We're just walking in the dark. And you can see the look on my face, it just tears me apart... So we fight through the hurt and we cry and cry and cry and cry" [Ninguém tem uma boa resposta. Estamos andando no escuro. E você pode ver o olhar no meu rosto, ele acaba comigo... Então enfrentamos a dor e choramos e choramos e choramos e choramos].

Usher explicou para Justin que algumas músicas funcionam melhor quando o cantor consegue realmente demonstrar suas verdadeiras emoções. Justin acha que essa música deixa seus sentimentos mais profundos aflorarem. Bieber também ama o fato de ela "não precisar de efeitos de palco particularmente especiais no show da turnê; a melhor coisa que posso fazer é cantá-la com emoção". E admite: "Às vezes a emoção contida na música é suficiente para deixar meus olhos cheios de lágrimas".

One Less Lonely Girl

O vídeo para "One Less Lonely Girl" tem sido chamado de "o equivalente musical de um filme de garota". As pessoas também dizem que ele é brega, mas Justin discorda — assim como milhares de fãs! No vídeo, uma linda garota passa e deixa cair um lenço na lavanderia. Justin então prepara um adorável caça ao tesouro para a menina — com bilhetinhos, filhotinhos e flores encantadores — para que ela consiga o lenço de volta.

"Eu não encarei a coisa imediatamente como um insulto", admite. "Eles desdenham a parte em que há filhotes em um *pet shop*, então pensei: 'O quê? Quem não gosta de filhotinhos? E mais importante, quem acha que fingir que não gosta de filhotes vai torná-lo mais atraente para as garotas?"

Baby

Esse vídeo, que foi filmado em uma pista de boliche, foi inspirado em um dos heróis musicais de Justin, Michael Jackson. "Nós meio que tentamos imitar o vídeo de 'You Make Me Fell'... Vou atrás da garota para tentar conquistá-la", revela. E Justin foi mesmo atrás da garota! Quando a linda Jasmine Villegas, que interpreta a garota no vídeo, pergunta a ele por que ele a persegue pela pista de boliche, ele responde: "Porque você é muito linda e tem uma personalidade marcante."

Justin não apenas sabe atrair as meninas como sabe dar passos de dança encantadores. No vídeo, mostra suas habilidades ao fazer o passo "moon-walking" — uma das marcas registradas de Michael Jackson.

QUE TIPO DE FÃ VOCÊ É?

COMECE AQUI
Oh! Biebs está fazendo um show na sua cidade. O que você vai fazer?

- Revirar o guarda-roupa atrás da roupa perfeita para ir ao show.
  - Sua roupa favorita está manchada. O que você vai fazer?
    - Ligar para seus melhor amigos para tentar encontrar o acessório ideal para cobrir a mancha.
    - Conferir alguns videoclipes para se inspirar antes de ir às compras.

- Fazer um cartaz chamativo para levar ao show.
  - Seu cartaz ficou muito sem graça. O que você vai fazer?
    - Tentar comprar cola glitter para deixar seu cartaz mais brilhante.
    - Colocar algumas fotos maravilhosas suas e de Biebs.

A roupa está melhor, mas ainda não está maravilhosa. O que você vai fazer?

→ Deixar para lá. Você mal pode esperar para assistir ao show. →

Empresário de Justin.
Você poderia ser o empresário de Justin. É descolado, calmo e consegue manter o controle, embora também seja *fashion* e divertido.

→ Encher-se de acessórios até cobrir a mancha!

Você viu Justin na loja em que está fazendo compras. O que você vai fazer?

→ A roupa dele é mais descolada do que você imaginava. →

O estilista de Bieber
Você adora tudo sobre Bieber, especialmente seu cabelo superfofo e seu gingado maravilhoso. Além de um fã maravilhoso, você daria um excelente estilista.

→ Começar a cantar a música preferida de Bieber o mais alto que conseguir.

Cantor
Você conhece todas as letras e cada melodia das músicas. Você ama Justin, mas simplesmente adora suas músicas.

→ Certificar-se de que você e seus amigos sabem todas as letras de todas as músicas.

Faltam poucos minutos para o show. O que você vai fazer?

→ Treinar todos os passos de dança dos últimos vídeos de Justin. →

Diva da dança
Você sabe todos os passos e ama o jeito como Justin dança. É um sonhador que espera um dia poder dançar sob os holofotes.

SOB OS HOLOFOTES

Justin tem trilhado um caminho relativamente longo desde seu primeiro single até turnês e estreias de filmes ao redor do mundo. Confira alguns dos melhores momentos de Bieber sob os holofotes.

1º de março de 1994: O pequeno Bieber entra em cena – nasce em Londres, Ontário, Canadá.

Setembro de 2007: Justin ganha o terceiro lugar no concurso Stratford Idol.

Outubro de 2008: Justin assina contrato com a Island Records.

7 de julho de 2009: O primeiro single de Justin, *One Time*, chega às rádios dos Estados Unidos.

17 de novembro de 2009: Lançamento de *My World*, o primeiro disco de Justin.

22 de dezembro de 2009: *My World* vende mais de 1 milhão de cópias, e Justin ganha o disco de platina.

23 de março de 2010: O segundo disco de Justin, *My World 2.0*, fica entre as primeiras posições nas paradas de sucesso dos Estados Unidos.

28 de março de 2010: A estreia de Justin em um programa de TV, *O Diário de Justin Bieber*, vai ao ar pelo canal americano MTV, e mostra aos fãs um pouco da vida do astro por trás dos bastidores.

5 de abril de 2010: Justin se apresenta na Casa Branca, no show de comemoração da Páscoa "The White House Easter Egg Roll".

23 de junho de 2010 A primeira turnê importante de Justin – que o levou a povoados e cidades da América do Norte – se inicia em Hatford, Connecticut, Estados Unidos.

12 de outubro de 2010: Justin lança o livro de memórias *Justin Bieber: First Step 2 Forever: My Story*.

19 de novembro de 2010: O disco *My World 2.0* vende mais de 2 milhões de cópias. Justin ganha disco de platina duplo.

2 de dezembro de 2010: Justin é indicado a dois prêmios Grammy.

23 de dezembro de 2010: Termina em Atlanta, Geórgia, EUA, a turnê *My World*.

8 de fevereiro de 2011: Milhares de fãs assistem ao filme de Justin, *Never Say Never*, em 3D, na estreia em Los Angeles.

13 de fevereiro de 2011: Justin cruza o tapete vermelho na entrega do Grammy em grande estilo. Mesmo sem ter levado nenhum prêmio, ele brilhou na premiação.

21 de fevereiro de 2011: Justin corta o cabelo, sua marca registrada, e diz no Twitter: "Sim, é verdade... cortei um pouco o cabelo... gostei... e estamos doando o cabelo para a CARIDADE, para ser leiloado. Detalhes logo mais...".

4 de março de 2011: Justin começa sua turnê internacional *My World* em Birmingham, Reino Unido.

25 de março de 2011: Justin contribui com a canção "Pray" para o disco *Songs for Japan*, lançado para arrecadar fundos para o país assolado pelo terremoto seguido de *tsunami*.

27 de março de 2011: Justin ganhou dois prêmios no Juno Awards em Toronto, Canadá: o melhor disco pop do ano por *My World 2.0* e a escolha dos fãs.

18 de maio de 2011: Justin encerra a turnê em Tóquio, Japão.

Maio de 2011: Justin é indicado ao importante 11º Billboard Awards!

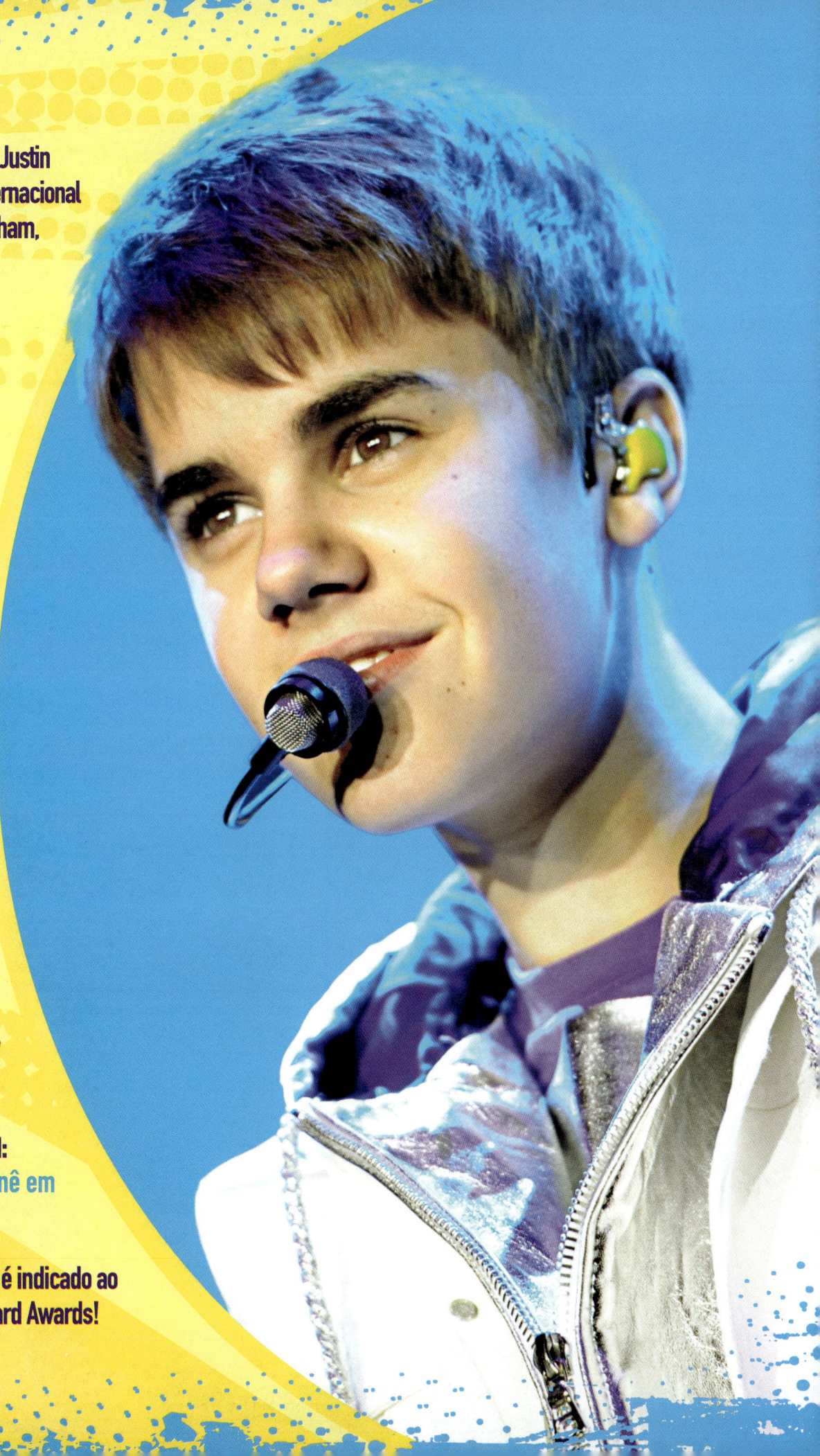

BIEBS EM 3D

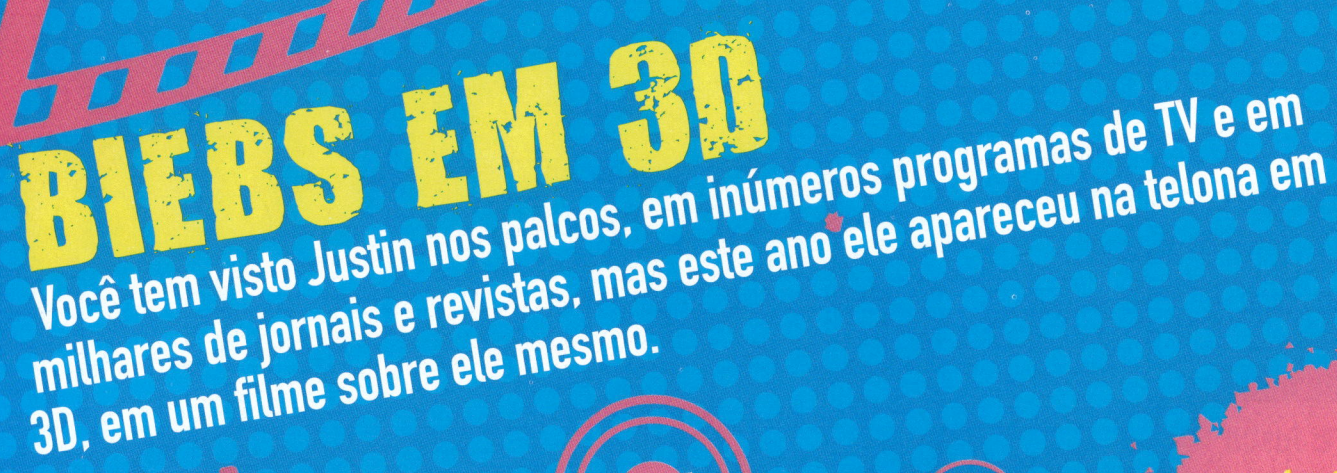

Você tem visto Justin nos palcos, em inúmeros programas de TV e em milhares de jornais e revistas, mas este ano ele apareceu na telona em 3D, em um filme sobre ele mesmo.

Burburinho em Hollywood

Em 2 de agosto de 2010, pouco depois de avisar que estava lançando suas memórias, Justin fez o coração de milhares de pessoas ao redor do mundo parar ao dar a notícia de que estrelaria um filme em 3D sobre sua escalada à fama. O filme, dirigido por John M. Chu, foi lançado ao público em 11 de fevereiro de 2011, bem a tempo do Dia dos Namorados nos Estados Unidos.

O poder dos fãs

Graças aos fãs devotados como você, o filme que mostra a trajetória de Justin desde que era um joão-ninguém nascido em uma cidadezinha até lotar o Madison Square Garden é um dos documentários mais vistos de todos os tempos. O diretor John M. Chu confessa que Bieber tem um grupo de fãs tão poderoso que teve medo de que houvesse confusão durante a exibição do filme.

Alcance as estrelas

Biebs acredita que o filme passe algo bom para todo mundo, e espera que ele inspire as pessoas ao dizer: "Se você se concentrar e mantiver os sonhos diante de você... e nunca desistir — nunca diga nunca —, então tudo é possível".

O fenômeno dos fãs

Os fãs mal podiam esperar para ver a estreia de JB em Hollywood. Eles enviaram tuítes, esperaram e correram às bilheterias. Justin até os encorajou a irem ver o filme ao espalhar a notícia pelo Twitter. Centenas de fãs mostraram seu apoio a Justin ao assistir ao filme e enviar mensagens encorajadoras pelo Twitter. E Justin mostrou a eles o quanto os ama ao aparecer e surpreender alguns fãs em cinemas dos Estados Unidos.

Na estreia em Los Angeles, as meninas da plateia gritaram tão alto, especialmente durante as cenas em que Justin aparece se apresentando em shows, que mais parecia uma apresentação ao vivo do que um filme.

Estreia perfeita

Na estreia do filme em Los Angeles, em 8 de fevereiro de 2011, multidões de beliebers fizeram fila no tapete vermelho para esperar a chegada de Biebs. O evento também contou com a presença de várias estrelas. Usher, Diddy e muitos outros compareceram para apoiar a estreia de Justin no cinema.

Pelo mundo

Justin não teve apenas uma estreia, mas várias — em Los Angeles, Estados Unidos, em Londres, Reino Unido, e em Paris, França. Multidões de fãs animados juntaram-se a ele naquela noite maravilhosa para ver Biebs dentro e fora da telona.

Justin estava muito animado por poder compartilhar esse momento com os fãs. "Voamos 13 horas para #allstargame, mas a estreia na França de #NSN3D foi uma loucura... je t'aime", tuitou.

Biebs também quis que o filme mostrasse aos fãs que eles podem alcançar seus objetivos. "A receptividade ao redor do mundo ao #NEVERSAYNEVER3D é maravilhosa. queremos que o filme inspire as pessoas a correr atrás dos sonhos", tuitou.

RUMO AO TAPETE VERMELHO

Não há tempo a perder! Sua carreira está em ascensão, mas você você precisa correr para chegar ao tapete vermelho primeiro.

Como jogar

Coloque uma ficha representando cada jogador na casa "início", pegue um dado e comece a jogar! Cada jogador deve lançá-lo uma vez, andar o número de casas indicado e seguir as instruções mostradas no quadro.

CASTIGO
Tire um 6 para sair

Você se esqueceu de fazer a lição de casa antes do show.
Vá para o castigo.

Seu primeiro single tocou no rádio!
Jogue novamente.

INÍCIO

Seu vídeo no YouTube atingiu 1 milhão de acessos!
Ande três casas.

Você fechou contrato com uma grande gravadora!
Ande uma casas.

Todos os ingressos do seu primeiro show foram vendidos!
Ande três casas.

VOCÊ GANHOU!

Todo mundo está tirando uma foto sua no tapete vermelho.
Jogue novamente.

Você foi indicado a um monte de prêmios.
Ande três casas.

Seu disco é um enorme sucesso!
Jogue novamente.

Ah, não! Você precisa melhorar suas entrevistas.
Perca a vez.

Você está exausto após um dia inteiro em uma sessão de fotos.
Volte uma casa.

Todo mundo quer seu autógrafo..
Ande uma casa.

★47★

FÃ-

JB tem um monte de fãs maravilhosos. Veja o que o astro já fez por eles.

Para os fãs

Justin é muito grato aos maravilhosos fãs que tem — como você! Ele sabe que, sem você, nunca teria tido a oportunidade de estar onde está hoje. "Meus sonhos tinham uma entre um milhão de chances [de dar certo]", admite. "Nunca vou esquecer que nada disso teria acontecido sem você."

Remédio Biebs

Justin adora cantar ao pé do ouvido dos fãs quando está se apresentando no palco. Uma noite, Justin pegou uma de suas queridas fãs e a colocou no palco com ele. Ele cantou para ela e lhe entregou seu chapéu.

No dia seguinte, essa fã maravilhosa começou a

ÁSTICO!

quimioterapia — um tratamento especial para tratar câncer — e estava muito assustada. Ela precisou fazer vários exames e lutar contra a doença, mas disse que ficava mais animada ao olhar as fotos de Justin que decoravam seu quarto no hospital, lembrar-se do chapéu que ele lhe dera e contar aos médicos e enfermeiras sobre Bieber. Quando ela perdeu todo o cabelo por causa do tratamento, passou a usar o chapéu de Justin.

A fã, que agora está a caminho de uma vida longa e saudável, escreveu uma carta maravilhosa a Justin para lhe agradecer. "Continuo rezando para ela", falou Justin. "Tantos fãs que conheci pelo caminho me ensinaram a nunca esquecer de nunca dizer nunca."

Que bonitinho!

Há beliebers de todas as idades e tipos. Uma das mais bonitinhas é Cody, que tinha apenas 3 anos quando se apaixonou por Justin. Em um vídeo postado no YouTube em 2010, ela aparece chorando porque ama Justin e não pode vê-lo. Pouco tempo depois disso, Justin foi a um programa de TV chamado Jimmy Kimmel Live! em Los Angeles e conheceu Cody nos bastidores. Ela estava muito contente por vê-lo e lhe deu um grande abraço. "O engraçado", revelou Justin, "é que eu estava ansioso para conhecê-la."

Você tem um amigo

A popularidade de Justin não o deixa esquecer como as coisas podem ser difíceis para as pessoas. Quando Casey Heyner, um australiano de 15 anos que sempre fora vítima de *bullying* na escola, resolveu contar seus tormentos, não tinha ideia de onde isso ia levá-lo.

Biebs ouviu sua história e decidiu apoiar Casey, levando-o ao palco em Melbourne, Austrália, e depois tuitando que Casey é "um herói da vida real". Ahhh!

CONTE-ME

Bieber tem muito a dizer — no Twitter e em entrevistas ao redor do mundo. Veja aqui as últimas e mais legais frases do fantástico Bieber.

"Muita coisa pode mudar em três anos… É incrível."

"Meu sucesso foi trazido por Deus…"

"Sou um canadense orgulhoso e espero ser bem-sucedido em tudo o que faço."

"Não tem nada melhor que voltar para casa e ver seus avós esperando por você sem fazer julgamento nenhum, cheios de amor sincero."

"Meus fãs são maravilhosos. Eles sempre virão me salvar."

"Minha mãe é totalmente adorável…"

"Que tipo de idiota não quer encontrar o amor? Aposto que 95% dos caras de 16 anos confessariam pensar em meninas 45 vezes a cada 3 minutos."

"Você deve se permitir fazer as coisas em que não é bom."

"Um dia percebi que o mundo é cheio de garotas bonitas."

"A música une as pessoas e é disso que mais tenho orgulho."

"Eu estava no céu. Estava lá entre as estrelas! Foi uma loucura."

"Quero que tudo saia bem. Não quero decepcionar ninguém."

"Há só uma coisa que realmente queria saber: o ônibus [da turnê] tem um Xbox?"

"ESCOLA!!! Ela acha que estou fazendo meu trabalho agora. Rs... me pegou... educação é a chave."

"Ainda sou um menino normal. Não espero nem quero que ninguém me trate de maneira diferente."

"Não, CHUCK NORRIS não é meu pai... embora ele tenha dado vida a Hércules."

O QUE VOCÊ PREFERIRIA?

Se tivesse a oportunidade de conhecer Justin Bieber, quais dessas coisas escolheria?

Sair de férias com Justin
ou
Sair em turnê com Justin?

Fazer o bolo preferido dele
ou
Que Justin cozinhe para você?

Sair com ele e seus amigos
ou
Aparecer em seu próximo vídeo?

Escrever uma música com Justin
ou
Cantar "Never Say Never" juntos o mais alto que puder?

Ir à pista de skate
ou
Aprender a tocar violão com Biebs?

Tomar um sorvete com ele
ou
Comer pipoca com ele no cinema?

Cantar com ele

ou

Mostrar a ele seus movimentos de dança fofos?

Tirar fotos de vocês dois juntos

ou

Ir a uma sessão de fotos com Biebs?

Acompanhá-lo na estreia de um filme

ou

No tapete vermelho quando ele concorrer ao Grammy?

Apresentar-se em um show com Justin

ou

Ir ao show com ingresso VIP na primeira fila?

Levar Biebs ao seu restaurante favorito

ou

Andar na sua montanha-russa predileta juntos?

Andar de avião com Justin

ou

Dar uma volta com ele de limusine?

FESTA DE ANIVERSÁRIO DE BIEBERS

Centenas de fãs desejaram a Justin um feliz aniversário, mas o que ele fez para comemorar os 17? Leia e descubra como Biebs comemorou seu dia especial.

A festa perfeita

Ele é o artista solo do sexo masculino mais jovem a figurar no topo das paradas de sucesso da Billboard desde que Stevie Wonder apareceu na lista em 1963. Subiu ao tapete vermelho de vários dos maiores eventos, incluindo o mundialmente famoso Grammy Awards. Em seu 17º aniversário, a estreia do filme de Bieber, *Never Say Never*, já havia faturado mais de 95 milhões de reais de bilheteria. Então como ele comemorou seu aniversário?

Acredite ou não, ele não deu uma enorme festa quando fez 17. Justin apenas tirou quatro dias de folga para relaxar entre as turnês e aproveitar os avós nesse dia especial. Justin conta: "Minha avó fez o melhor cheesecake — chessecake de cereja. Ela tinha feito isso para meu aniversário de 13 anos". Não fazer uma grande festa significou que Justin pôde comemorar seu 17º aniversário exatamente do jeito que queria — apenas relaxando com a família antes de colocar o pé na estrada. Essa sim é uma festa perfeita!

Pedidos de aniversário

Seu 17º aniversário pode não ter sido um grande evento, mas foi um grande dia para seus fãs. Centenas deles postaram desejos de feliz aniversário para Justin no Twitter e no Facebook. Alguns até fizeram vídeos no YouTube e os postaram para dividi-los com seu astro favorito. Justin tuitou: "brigado... e ótimo aniversário. Viajei até [a casa da] minha avó e ganhei meu bolo. Encontrei alguns amigos. Fiquei surpreso".

Planejamento da festa

Justin não teve uma grande festa este ano, mas o que você planejaria para fazer de seu aniversário de 17 anos a maior festa do mundo? Use o espaço abaixo para compartilhar suas ideias.

....

....

....

....

....

....

....

O QUESTIONÁRIO DO MAIOR FÃ

Então você acha que sabe tudo sobre Justin Bieber? Teste seu conhecimento e descubra se é mesmo o maior fã. Verifique as respostas na página 61.

1. No primeiro encontro de Justin, qual prato ele derrubou na camiseta?

a. Macarrão carbonara   b. Espaguete à bolonhesa   c. Sopa de ervilha

2. O nome da primeira grande turnê de Bieber era:

a. My World Tour   b. My World 2.0 Tour   c. Justin Bieber Tour

3. Por qual destas estrelas Justin confessou ter uma queda?

a. Kim Kardashian   b. Beyoncé   c. Gwen Stefani

4. Justin foi descoberto neste site popular:

a. Twitter   b. YouTube   c. Facebook

5. Em que cidade uma fã roubou o chapéu de Justin?

a. Auckland, Nova Zelândia   b. Nova York, Estados unidos   c. Londres, Reino Unido

6. Quem é o empresário de Justin?

a. Usher   b. Jay-Z   c. Scooter Braun

7. Quantos anos Justin tinha quando começou a tocar bateria?

a. 10   b. 6   c. 2

8. Quais destes instrumentos Justin não toca?

a. Banjo   b. Trompete   c. Piano

9. O nome do meio de Justin é:

a. Drew   b. Edward   c. Andrew

10. Os ingressos para o show de Bieb no Madison Square Garden se esgotaram em:

a. 22 minutos   b. 22 horas   c. 22 dias

11. Qual destas estrelas faz aniversário no mesmo dia que JB?

a. Lady Gaga   b. Ke$ha   c. Selena Gomez

12. Um dia Justin sonhou em ser:

a. Arquiteto   b. Professor de teatro   c. Apresentador de programa de entrevistas no rádio

NASCIDO PARA SER ALGUÉM

Aos 17 anos, ele já é super bem-sucedido. Mas quais são os planos de Justin para o futuro?

Permanecer sob os holofotes

Justin ama a vida sobre os palcos, em turnês e sob os holofotes. Ele gosta de ter contato com os fãs e não pretende deixar o show biz logo. Mas a música não é o único interesse de Justin.

Depois de fazer um filme sobre ele mesmo, Justin gostaria de atuar em outros papéis. "Vou começar a fazer mais filmes — começar a receber mais roteiros e encontrar coisas que realmente goste de fazer", promete. Ele inclusive tem recebido a ajuda do pai de Jaden e Willow Smith, o ator Will Smith, para examinar os roteiros.

O empresário Scooter Braun também revelou que Justin espera contracenar com o ator de comédia Will Farrell.

O próximo Michael Jackson?

Não é segredo que Michael Jackson inspirou a música e a dança de Justin e que ele e sua equipe achem que ele poderia ser o próximo MJ.

"Michael era maravilhoso. Ele se esforçou muito e sabia cuidar da carreira. É alguém em quem me espelho", revela Justin.

Boa decisão!!

Justin não é apenas um cantor e um dançarino brilhante, mas vai bem nos estudos também. Com notas quase perfeitas, espera poder usar seus talentos fora do palco para conseguir frequentar a universidade. Justin afirma: "Sempre viajo com um professor particular com quem estudo três horas por dia, cinco vezes por semana. Quero terminar o ensino médio e também a faculdade e depois evoluir no caminho em que minha música me levar."

Para cima!

Não importa o que aconteça no futuro, uma coisa é certa: Justin Bieber está apenas começando sua jornada bem-sucedida. E ele sabe que não teria chegado tão longe sem sua família, amigos, fãs e sonhos. "Siga seus sonhos", aconselha. "Você pode fazer qualquer coisa em que se concentrar." Nada pode parar essa estrela em seu caminho ao topo!

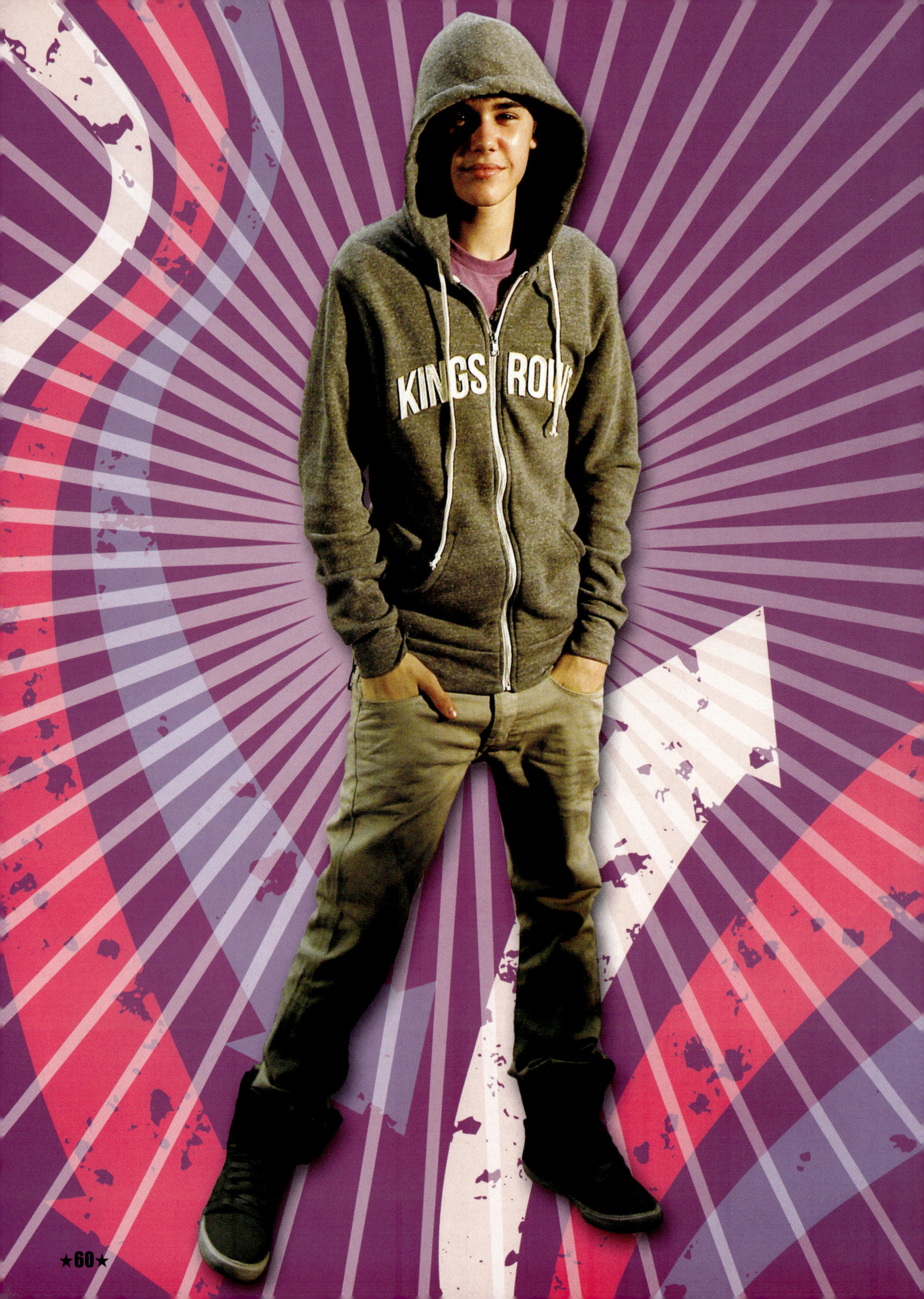
KINGS ROW

RESPOSTAS

nunca diga... (páginas 12–13)

1. Justin Bieber 2. Miranda Cosgrove 3. Justin Bieber 4. Justin Bieber 5. Sean Kingston 6. Taylor Swift 7. Katy Perry 8. Justin Bieber 9. Ellen DeGeneres 10. Justin Bieber

Minhas palavras (página 18)

Z	G	O	S	O	S	P	F	G	J	Y	D	P
E	M	C	F	E	T	E	E	M	J	É	S	B	L
U	M	C	I	Q	V	Y	R	L	Q	L	J	M	F
S	A	G	Y	O	S	T	A	P	F	O	X	P	H
A	R	P	N	E	J	J	E	T	Y	N	E	L	C
T	G	C	D	Z	N	H	L	G	F	G	A	E	O
H	É	R	E	T	T	I	W	T	A	B	I	N	J	O
Z	C	G	F	É	H	O	Q	B	L	Z	R	C	W
Q	S	D	Z	O	I	O	H	S	L	P	R	B	I	Q
L	Q	H	V	B	N	N	O	X	C	A	Z	J	V
D	O	P	Z	X	P	H	N	N	Y	K	I	H	Y
F	B	W	B	Q	Q	T	U	F	P	B	R	W	D
Z	H	Z	J	R	E	L	L	I	R	H	T	T	É	M
I	U	T	L	Q	I	W	F	F	O	H	T	E	M
Q	T	L	J	C	G	P	H	M	Q	Y	X	U	O	R

Adivinhe quem! (página 34)

1. Falso: a atriz Jessica Biel pediu 7.975 reais; Justin esperava aumentar a quantia para cerca de 15.100 reais – e conseguiu!

2. Verdadeiro: Justin Bieber e Ozzy Osbourne leiloaram o traje espacial que usaram em uma propaganda para a TV em 2011. O dinheiro arrecadado foi doado para obras contra o câncer.

3. Verdadeiro: Justin doou o dinheiro ao fundo de ajuda às vítimas da enchente de Nashville da Community Foundation of Middle Tennessee.

4. Falso: Oprah Winfrey assinou o osso.

5. Falso: O cantor Bono ajudou a iniciar essa organização.

6. Verdadeiro.

7. Falso: A escritora J. K. Rowling escreveu a mão uma história sobre um dos personagens de Harry Potter para arrecadar fundos para a Book Aid International.

8. Verdadeiro.

9. Verdadeiro.

10. Falso: Miley Cyrus doou a sacola decorada por ela.

O questionário do maior fã (páginas 56–57)

1. b – Espaguete à bolonhesa 2. a – *My World Tour* 3. c – Gwen Stefani 4. b – YouTube 5. a – Auckland, Nova Zelândia 6. c – Scooter Braun 7. c – 2 8. a – Banjo 9. a – Drew 10. a – 22 minutos 11. b – Ke$ha 12. a – Arquiteto

★61★

Este livro foi impresso pela Prol Editora Gráfica
para a Editora Prumo Ltda.